Helga Kohler-Spiegel / Ursula Schachl-Raber

Wut und Mut

„Doch die Apostel [illegible] alles für Geschwätz und glaubten den Frauen nicht."
(Lk 24,11)

Was wäre aus der Kirche geworden, wenn die Frauen damals geschwiegen hätten –

Was wird aus unserer heutigen Kirche, wenn die Frauen schweigen ...?

Lisa

Andrea

Lukas

Helga Kohler-Spiegel / Ursula Schachl-Raber

Wut und Mut

Feministisches Materialbuch für
Religionsunterricht und Gemeindearbeit

Kösel

ISBN 3-466-36342-X

Druck und Bindung: Kösel, Kempten
Umschlag: Kaselow Design, München

1 2 3 4 5 · 95 94 93 92 91

Inhalt

0. Einleitung

1. Nicht länger ohne uns

2. Schöne weite Welt – kein Platz für Tränen

3. Apartheid am Altar – wie lange noch?

4. Das Faß ist voll

5. Unsere Vorschwestern

6. Was wäre Mose ohne Frauen

0. Einleitung – Zur Arbeit mit diesem Buch

Wut und Mut – beide Erfahrungen sind bestimmend, wenn Frauen sich mit ihrer Situation in Gesellschaft und Kirche auseinandersetzen. In der Theologie waren und sind es besonders Frauen, die diese Themen bewußtmachen und weitertreiben. Die Beschäftigung mit feministischer Theologie hat uns die Augen geöffnet für die Tatsache, daß Frauen bei uns und überall auf der Welt in der Gesellschaft ebenso wie in der Kirche benachteiligt, ausgebeutet und ignoriert werden. Auch im Laufe der Geschichte und sogar in der Bibel werden Frauen ausgelassen, verdrängt und verschwiegen.
Das Angebot an feministischen Büchern ist vielfältig und umfangreich. Aber in der konkreten Vorbereitung von Bibelabenden, Gemeindeveranstaltungen, Religionsunterricht, Gottesdiensten u.v.m. ist es nach wie vor schwierig, geeignete Materialien zu deren Gestaltung zu finden. Genau dies ist unser Anliegen in diesem Buch: Konkrete Texte, methodische Vorschläge und Impulse anzubieten, um in den verschiedenen Bereichen Frauen sichtbar zu machen, ihre Probleme zur Sprache zu bringen und die Sensibilität von Frauen *und* Männern für Veränderungsmöglichkeiten zu stärken. Nicht nur frauengerechte Geschichten, Texte, Gebete u.a. rücken ins Blickfeld, sondern auch das Klima des Arbeitens, der Umgang miteinander bis hin zur Sprache müssen verändert werden.
Dies kann nur schwer gelingen, solange Frauen sich allein auf den Weg machen; eine gemeinsame Auseinandersetzung von Männern und Frauen ist unerläßlich. Deshalb sind Frauen *und* Männer angesprochen und herausgefordert, in der Gemeindearbeit und Erwachsenenbildung ebenso wie ReligionslehrerInnen für SchülerInnen ab dem 15. Lebensjahr, die Defizite zu sehen und sich für die Veränderung der Ungleichheit einzusetzen.

An dieser Stelle seien nur einige allgemeine Hinweise zur Benutzung dieses Buches angeführt. Am Ende jedes einzelnen Kapitels finden Sie sowohl spezifische Hinweise für den Einsatz der Materialien als auch unsere Erfahrungen, die wir beim eigenen Verwenden dieser Unterlagen gemacht haben. So können Sie leichter klären, welche Bedingungen und eventuelle Schwierigkeiten Sie in Ihrer Arbeit mit dem Materialbuch mitbedenken müssen. Zwei Möglichkeiten, mit den Materialien zu arbeiten, bieten sich an: Einerseits können einzelne Elemente herausgegriffen, andererseits Einheiten als Ganze übernommen werden.

Oftmals sind mehrere Wege zur Vertiefung des Themas angeführt, um je nach AdressatInnengruppe und Situation spezifische Schwerpunkte zu setzen. Nicht jede Methode eignet sich für jede Gruppe. Deshalb sind die angeführten Impulse auch Vorschläge, die die eigene Kreativität anregen können.

All unsere Sinne sollen angesprochen werden, um die eigene Biographie zu überdenken, die Erfahrungen auszutauschen, Neues kennenzulernen, gegenwärtige Situationen zu analysieren, aus Vergangenem zu lernen und gemeinsam nach neuen Wegen zu suchen... Die angeführten Methoden sind vielfältig. Manche Fragestellungen persönlicher Art eignen sich nur in vertrauten Gruppen; das Beziehungsklima unter den TeilnehmerInnen muß immer mitbedacht werden. Bei der Auswahl der Methoden sind die eigene Sicherheit und Erfahrung mit diesen zu berücksichtigen. Gerade bei erfahrungsbezogenen Methoden muß genügend Raum gegeben werden zum Gespräch und Austausch.

Besonders hingewiesen sei auf das Kapitel »Nicht länger ohne uns – Jeder zweite Mensch ist eine Frau«; frauengerechte Sprache und ausgewogenes Gesprächsverhalten zwischen Männern und Frauen sollen auch in der Gruppe eingeübt und praktiziert werden.

Immer wieder werden die Impulse und Materialien dieses Buches provozieren, neue und andere Sichtweisen fördern. Diese werden sicherlich da und dort auch denen der Autorinnen entgegenstehen. Wir würden uns daher freuen, wenn Sie, liebe Leserinnen und Leser, uns Ihre Erfahrungen mit diesem Buch, eventuelle Kritik und Verbesserungsvorschläge mitteilten. Der Verlag wird Ihre Post gerne weiterleiten.

Helga Kohler-Spiegel
Ursula Schachl-Raber

1. Nicht länger ohne uns – Jeder zweite Mensch ist eine Frau

Frauen in der Gesellschaft

»EMANZIPATION:
Befreiung aus Abhängigkeit und Bevormundung, Gleichstellung, Gleichberechtigung

FEMINISMUS:
Theorie der Frauenbewegung, die – ausgehend von den Bedürfnissen der Frauen – nicht nur die Gleichstellung der Frau mit dem Mann, sondern die Überwindung patriarchalischer Strukturen (z.B. Aufhebung der traditionellen Rollenverteilung) zum Ziel hat.

PATRIARCHAT:
Vaterrecht, Männerherrschaft«[1]

SEXISMUS:
Unterdrückung aufgrund des Geschlechts, reserviert für die Mißachtung und Ausbeutung von Frauen vorwiegend durch Männer.

Schreiben Sie jeweils die Begriffe in die Mitte eines großen Blattes. Bitten Sie die Teilnehmenden, schweigend all Ihre Gedanken zu den Stichworten ungefiltert dazuzuschreiben.

Sprechen Sie anschließend über Ihre Assoziationen und vergleichen Sie diese mit den Begriffserklärungen.

Ein Mann – ein Wort – verräterische Männersprache

Sprachverrat[2]

Sehr geehrte Herren, Magnifizenzen, Eminenzen,
Exzellenzen, aber auch Priester, Mediziner und Schamanen,
schon lange werden alle Menschen Brüder,
verbrüdern sich in Freiheit, Gleichheit, Brüderlichkeit, trinken Bruderschaft in männlicher Haltung.
Söhne freier Männer, produziert weiterhin
Euer Brot für Brüder in der Woche der Brüderlichkeit
und Hungersnöte während des übrigen Jahres mit
dem Segen von Gott Vater, Gott Sohn und auch dem
Heiligen Geist in alle Ewigkeit Amen:
Sprachverrat

Die gesellschaftliche Abwertung der Frauen zeigt sich deutlich in der Sprache. Wir unterscheiden vier unterschiedliche Arten frauenfeindlichen Sprachgebrauchs[3]:

»1. Sprache, die Frauen ignoriert und ausschließt, weil der Mann als Standard und Norm für den Menschen schlechthin gilt. Frauen werden dann nicht genannt, sondern nur ›mitgemeint‹, und ihre Gegenwart, ihre Beiträge, ihre Leistungen werden nicht beachtet, vernachlässigt und vergessen.
Bsp.: Liebe Kollegen; dafür: liebe Kolleginnen und Kollegen.«
Alle Menschen sind Brüder; dafür: alle Menschen sind Schwestern und Brüder.
Die Deutschen sind tüchtige Soldaten; dafür: ...
Mit der Geschlechtsreife wird der Mensch gebärfähig; dafür: ...
Die Deutschen sind tüchtige Hausfrauen; dafür: ...

»2. Sprache, die Frauen immer nur in Abhängigkeit vom Mann darstellt, d.h. Frauen über Männer definiert und Frauen als zweitrangig

und untergeordnet beschreibt. Dies zeigt sich in der asymmetrischen Benützung von Namen und Titeln und in der festgefahrenen Anordnung, in der Männer immer zuerst genannt werden.
Bsp.: An Herrn und Frau Dörsch; dafür: An Frau Dörsch und Herrn Dörsch.«
Zum Empfang bitten wir Herrn Jodok Müller mit Gemahlin; dafür: Zum Empfang bitten wir Herrn Jodok Müller; diese Einladung gilt für zwei Personen.

»3. Sprache, die Frauen nur in den traditionellen Rollen mit den sogenannten weiblichen Eigenschaften und Verhaltensweisen darstellt, d.h. Frauen werden zunächst als Hausfrauen, Ehefrauen und Mütter etikettiert. Wenn dieses Etikett nicht zutrifft, ist die Frau untypisch und eine Ausnahme. Wenn Frauen sich aus dem engen Rahmen hinausbewegen, werden sie wieder nur in dienenden, helfenden und unterstützenden Funktionen gesehen.
Bsp.: Hausfrauenpflicht; dafür: Hausarbeit.«
Im Restaurant: Fräulein! dafür: Bitte! oder: Entschuldigen Sie! oder: Würden Sie uns bitte die Karte bringen?

»4. Abwertende Sprache, durch die Frauen herablassend behandelt oder degradiert werden. Hier handelt es sich um Äußerungen, in denen Frauen in jedem Kontext, nicht nur im Schönheitswettbewerb, nach ihrem Aussehen beurteilt werden, in denen ihnen mangelnde Intelligenz, mangelnde Reife, mangelnde Kraft, mangelndes Durchhaltevermögen zugeschrieben wird, dabei ein Übermaß an List und Tücke, Emotionalität, Unbeherrschtheit und Geschwätzigkeit. Die Folge ist, daß Frauen nicht mehr als Individuen, als Menschen gesehen und respektiert werden.

Bsp.: Das schwache Geschlecht; dafür: das weibliche Geschlecht

Emanze	Feministin.
Karrierefrau	erfolgreiche Frau.«[3]

Unsere Skimädchen; dafür: Skifahrerinnen
Dienstmädchen; dafür: Hausangestellte
Klatschbase, dummes Weibsbild, Mannweib, Weibergeschwätz, Mädchen für alles, alte Schachtel – ersatzlos streichen!

Übungen zur Vermeidung sexistischen Sprachgebrauches[4]

Aufgabe: Kennzeichnen Sie die folgenden Sätze durch »r« oder »f«, ob nach Ihrem Sprachgefühl der jeweilige Satz richtig oder falsch ist. Versuchen Sie, Ihre Entscheidung zu begründen.

Beispielsätze: Richtlinien

1. Hat hier einer seinen Lippenstift dabei?
2. An unserer Schule sind die Lehrer noch relativ jung.
3. Draußen ist jemand von der Firma Avon, der Kosmetik verkaufen will.
4. Sie engagiert sich für Frauen. Sie ist eine Emanze.
5. Die Schüler sollen nicht zu spät zum Unterricht kommen.
6. 1949 haben die Verfassungsväter eine neue politische Grundlage geschaffen.
7. Der Kunde ist König, sagte der Verkäufer der Miederwarenabteilung.
8. Manch einer, der seine Kinder auf gute Schulen schickt, …
9. Ist hier jemand, der mir helfen kann, auf die Kinder aufzupassen?
10. Das Tennis der Herren wird um 17 Uhr gesendet.
11. Das Schwimmen der Mädchen wird um 20 Uhr gesendet.
12. Freiheit, Gleichheit, Brüderlichkeit.
13. Die Bürgerinnen und Bürger des Landes Baden-Württemberg wählen am Sonntag ihre Abgeordneten.
14. Bundeskanzlerin Schwarz fliegt am Sonntag zu einem Staatsbesuch zu ihrer Amtskollegin in die USA.
15. Mein Hausarzt hat neulich meinen Onkel geheiratet.

Sketch: Zum Spielen in verteilten Rollen

Sketch: Vatersprache im Mutterland oder Kauderwelsch auf Patriarchalisch[5]

Wir befinden uns in einer reinen Frauengruppe:
U: Hallo, fehlt noch einer, oder können wir anfangen?

B: Alle da. Ich möchte noch vorschlagen: Jeder, der rauchen möchte, soll rausgehen.
U: Wieso, wem unser Rauchen hier nicht paßt, der soll doch heimgehen.
B: Vertragt euch, sollen halt die Raucher hinter die Trennwand gehen. Jedem das Seine.
U: Übrigens, letztes Mal hat jemand seinen Schal hier vergessen, falls er einem von euch gehört, hier ist er.
B: Habt ihr gehört? Zum ersten Mal ist jemand in den Stadtrat gekommen, den wir persönlich kennen, nämlich Sabine.
U: Ja, toll, sie ist ein Mensch, der seine und unsere Interessen dort gut vertritt.
B: Jetzt fangen wir aber mal an. Ich finde es nicht gut, wenn man seine Zeit so vertrödelt.
U: Hat jeder seine Unterlagen vor sich?

Und nun das Ganze noch mal in Frauensprache:
U: Hallo, fehlt noch eine? Oder können wir anfangen?
B: Alle da. Ich möchte noch vorschlagen: Jede, die rauchen möchte, soll hinausgehen.
U: Wieso, eine, der unser Rauchen nicht paßt, soll doch heimgehen.
B: Vertragt euch, sollen halt die Raucherinnen hinter die Trennwand gehen. Jeder das Ihre.
U: Übrigens, letztes Mal hat eine ihren Schal hier vergessen, falls er einer von euch gehört, hier ist er.
B: Habt ihr gehört? Zum ersten Mal ist eine in den Stadtrat gekommen, die wir persönlich kennen, nämlich Sabine.
U: Ja, toll, sie ist eine Frau, die ihre und unsere Interessen dort gut vertritt.
B: Jetzt fangen wir aber mal an. Ich finde es nicht gut, wenn wir unsere Zeit so vertrödeln.
U: Hat jede ihre Unterlagen vor sich?

Auch die religiöse Sprache diskriminiert Frauen und ihre Erfahrungen

Lesen Sie den folgenden Text[6]:

Das liebe Gott

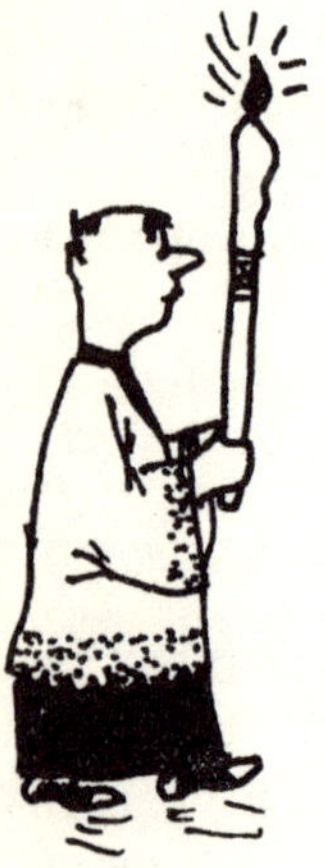

»Vater unser, der du bist im Himmel« – so haben wir alle gelernt, uns Gott vorzustellen: als gütigen, manchmal auch zornig-strafenden Vater, zu Gericht sitzend droben auf dem Himmelsthron, mit Rauschebart womöglich. Weiblich oder mütterlich wirkt er nicht gerade. Er hat ein (uneheliches) Kind, ebenfalls männlich, namens Jesus.
Feministinnen haben auch vor dieser Männerbastion nicht haltgemacht und respektlose Sprüche geprägt wie: »When God created man she was only joking (Als Gott den Mann erschuf, hat sie sich bloß einen Scherz erlaubt)«. Die Kraftmeierin legt los: »Meine Göttin noch mal!«, und die Frau ohne Knete bittet vertrauensvoll: »Liebe Göttin, schenk mir doch ein Emma-Abo!« (Ein Courage-Abo hat sie anscheinend schon bekommen, göttinseidank!). Und die feministische Pastorin verabschiedet die verdutzte Gemeinde mit den Worten: »Gott segne dich und behüte dich, sie lasse ihr Angesicht leuchten über dir und gebe dir Frieden«.
Es reicht, wenn wir die Männerherrschaft auf der Erde haben, denken diese Frauen. Nicht auch noch im Himmel. Dort, ab sofort: Frauenpower.
Andere sind gemäßigter und gesellen Gottvater eine Mutter zu: »Vater und Mutter unser im Himmel«. Ob wir uns Gott als Elternpaar oder als zweigeschlechtig oder als geschlechtslos vorstellen, ist unser Bier.

Die alten Germaninnen (Männer sind selbstverständlich immer mitgemeint), vom Christentum noch ungeschoren, hatten eine sehr sympathische und, von heute aus betrachtet, äußerst fortschrittliche Gottesvorstellung. Das germanische Wort guda, Vorläufer des Wortes Gott, war sächlich. Es bezeichnet ein »göttliches Wesen«, weder weiblich noch männlich. »Liebes Gott«, mögen unsere Vorfahrinnen gebetet haben, »mach daß es ein Mädchen wird!«

Fallen Ihnen Beispiele aus dem Bereich der religiösen Sprache ein, durch die Frauen ignoriert werden? Versuchen Sie, diese Begriffe in eine gerechte Sprache umzuformulieren.

Gesprächsverhalten in Gruppen

»1. Frauen ergreifen weniger oft das Wort und liefern kürzere Redebeiträge. (...)
2. Frauen stellen mehr Fragen als Männer; darunter sind neben Informationsfragen auch Behauptungen, die als Fragen formuliert werden, und Fragen, mit denen sie ihr Rederecht erzwingen oder sich Aufmerksamkeit verschaffen müssen. Sie scheinen also Fragen dazu zu benützen, daß sie eine Reaktion bekommen, die sonst ausbliebe. (...)
3. Frauen beziehen sich häufiger auf vorhergegangene Redebeiträge, d.h., sie gehen mehr auf ihre Gesprächspartnerinnen und -partner ein, sie benutzen mehr Pronomina wie ich, meiner Ansicht nach, es ist mir aufgefallen, d.h., sie sind persönlicher. Frauen gebrauchen öfter bitte, Frauen entschuldigen sich mehr.
4. Frauen lassen sich unterbrechen. In der Tat werden Frauen systematisch von Männern unterbrochen, d.h., alle Frauen, unabhängig von ihrem Status und dem des unterbrechenden Mannes, werden unterbrochen, und Frauen werden in regelmäßigen Abständen unterbrochen. Frauen hingegen unterbrechen umgekehrt Männer kaum. So gibt es Untersuchungen von Unterhaltungen, in denen 96 Prozent aller Unterbrechungen von Männern kamen.«[7]

Beobachten Sie in der nächsten Zeit, ob Sie diese Verhaltensformen in konkreten Gesprächen bestätigt finden. Notieren Sie Beispiele zu den einzelnen Punkten. Falls möglich, analysieren Sie gemeinsame Gespräche zwischen Frauen und Männern in Fernsehen und Radio anhand dieser Kategorien.
Versuchen Sie in gemischtgeschlechtlichen Sitzungen folgenden Test durchzuführen:

»Bist du angemessen zu Wort gekommen?«[8]
– Ein Test für Frauen in Leitungsteams –

1. Wieviel Zeit hast Du insgesamt zum Reden gehabt, wieviel die anderen Teammitglieder? (Mit der Stopp-Uhr messen, geht nur, wenn zwei Frauen im Team sind, die den Test machen)
2. Wie oft hast Du das Wort ergriffen? (Anzahl der Redebeiträge)
3. Wie oft konntest Du zu Ende reden, bis Du alles gesagt hattest, was Du sagen wolltest?
Wie oft wurdest Du unterbrochen, d.h. wie oft entschied jemand anders, daß Du genug geredet hattest?
4. Wie viele Deiner Beiträge wurden inhaltlich von anderen Teammitgliedern aufgenommen und bestätigt?
Wie viele Deiner Beiträge wurden nicht beachtet bzw. nicht aufgenommen?
5. Wurden unbeachtete Beiträge von Dir zu einem späteren Zeitpunkt von einem anderen Teammitglied als eigene eingebracht und dann beachtet?

Wenn das Ergebnis dieses Tests in einer beliebigen Teamsitzung zu Deinen Gunsten ausfällt, kannst Du davon ausgehen, daß Du eine bewunderswerte Ausnahme bist. Sollte es nicht so sein – was wahrscheinlicher ist –, dann solltest Du nicht sofort in Grübeleien über Deine allgemeine Unfähigkeit verfallen, sondern zumindest vorher einige Erkenntnisse (...) von Sprachwissenschaftlerinnen berücksichtigen, die Dich vielleicht vor der endgültigen Auffassung bewahren, daß die anderen, die Männer, sowieso besser sind als Du!

Weitere Anregungen:

Lesen Sie das Liederbuch Ihrer Gemeinde und untersuchen Sie es im Blick auf Liedertexte und Gebete, die Frauen verschweigen, auf bestimmte Rollen fixieren, abwerten...
Versuchen Sie, für diese Stellen neue Formulierungen zu finden, die Frauen nicht diskriminieren.
Schreiben Sie gemeinsam neue Gebete und neue Lieder, in denen Männer und Frauen gleichwertig vorkommen. Bemühen Sie sich darum, daß diese in Ihren Gottesdiensten auch verwendet werden.

Frauen sind keine Ware

Drei Beispiele aus der Werbung:

Die Medien, z.B. Zeitschriften, Fernsehen und Radio, tragen sehr zur Verfestigung und Weitergabe typischer Rollenzuschreibungen bei. Besonders die Werbung vermittelt »traditionelle« Vorstellungen davon, wie Männer und Frauen sein müssen.

Plakatwände[9]

die dir zeigen
wie eine frau zu sein hat

plakatwände
die mir zeigen
wie ich nicht bin
plakatwände
wände
die uns umschließen

plakatwände
wände
zwischen dir und mir

Beobachten und sammeln Sie eine Woche lang alle Werbungen in Zeitschriften und untersuchen Sie diese auf die dargestellten Rollenklischees. Notieren Sie alle Werbungen im Fernsehen, die Ihnen frauenfeindlich scheinen. Diskutieren Sie über Ihre Kriterien von Frauenfeindlichkeit und die Gründe Ihrer Auswahl.

AUSTRALIEN
IST RIESIG.
2.328,-
265,-
NUR
Ein Beispiel aus dem großen
Neckermann-
Fernreise-Prospekt
COUPON

Der neue
Trend:
Breitreifen
Breit
Breitreifen sind
kurvensicher
PIRELLI

gibt keinen
unterschied
zwischen einem
mädchen
und einer uhr
Es kommt
auf die
Sekunde an
Von links oben gegen den Uhrzeigersinn: Elektronisches Stimmgabelwerk und Datum-Anzeige: Bulova, 725 Mark; Mini-Computer furs Handgelenk: Arctos Digital/Quarz, 750 Mark; Silberuhr von Serge Manzon: Longines, 590 Mark; Quarz-Uhr mit maximal einer Minute Abweichung im Jahr: Zenith, 995 Mark; Knopfdruck genügt – die Zeit leuchtet auf: Omega Digital/Quarz, 1995 Mark.

Männer – einmal anders!

Suchen Sie für dargestellte Frauen in der Werbung jeweils passende Männerköpfe oder -körper und montieren Sie diese in die Werbebilder hinein, eventuell können Sie auch die Sprüche der Werbung entsprechend abändern. Wenn Frauendiskriminierung auf Männer übertragen wird, wirkt sie viel deutlicher als Diskriminierung, weil wir dies nicht gewohnt sind.

»Sie fällt aus der (Werbe-)Rolle«

Nehmen Sie aus Radio oder Fernsehen Werbespots auf Band/ Video auf, vor allem solche, wo Frauen auf bestimmte Rollen festgelegt werden. Spielen Sie diese Spots nach, aber ändern Sie sie so ab, daß die Frau aus der vorhergesehenen Rolle fällt oder der Spot einen unerwarteten Schluß bekommt.

Beispiel: Mutter bekommt kein schlechtes Gewissen, wenn Vater oder Sohn der Pullover kratzt, sondern zerrt die Herren der Schöpfung ans Waschbecken zum Selberwaschen! Das sich anfangs meldende personifizierte schlechte Gewissen setzt sie mit einem gezielten Kinnhaken schach-matt.[10]

Sie können andere Menschen auf den Mißbrauch von Frauen in der Werbung aufmerksam machen. Protestieren Sie bei einzelnen Firmen direkt gegen deren frauenfeindliche Werbung in Bild und Text (mit z.B. nebenstehender Postkarte):

Ich protestiere gegen Bild und Text Ihrer sexistischen* Werbeaktion

____

____

____

Sie vermarkten Ihr Produkt mit Hilfe des weiblichen Körpers (und fordern zur Gewalt gegen Frauen auf). Damit verletzten Sie die Menschenwürde *aller* Frauen.

Oder richten Sie Ihren Protest
An den Deutschen Werberat
c/o Zentralausschuß der Werbewirtschaft
Postfach 200 647
D-5300 Bonn 2

* Sexismus ist die Diskriminierung auf Grund des Geschlechts.

Zweisamkeit contra Einsamkeit

Die bunte Welt der Partnerschaft

Welche Lebensform haben Sie gewählt bzw. welche möchten Sie wählen? Wieso? Was gefällt Ihnen daran, was nicht?

Was heißt in diesem Cartoon Partnerschaft? Vergleichen Sie dies mit Ihren eigenen Erfahrungen, Vorstellungen und Wünschen.

Thesen zur Partnerschaft[11]:

- In einer richtigen Partnerschaft können sich die Partner ihre Wünsche von den Augen ablesen.
- In einer richtigen Partnerschaft gibt es niemals Meinungsverschiedenheiten.
- Partner, die sich lieben, werden sich gelegentlich auch streiten.
- Partner, die fair miteinander gestritten haben, können nach kurzer Zeit wieder zärtlich zueinander sein.
- In einer richtigen Partnerschaft lieben sich die Partner immer und zu jedem Zeitpunkt.
- In einer richtigen Partnerschaft ist es nicht nötig, über die sexuellen Wünsche und Bedürfnisse des einzelnen zu sprechen.
- Wenn sich zwei Menschen verstehen, gibt es im Bereich der Sexualität keine Schwierigkeiten.
- In einer richtigen Partnerschaft läßt jeder dem anderen Spielraum zur eigenen Entfaltung.
- Partner, die sich gut verstehen, werden sich regelmäßig über ihre Probleme unterhalten.
- Partner, die sich gut verstehen, werden vieles, aber nicht alles gemeinsam tun (z.B. zu Parties, Geselligkeiten gehen usw.).
- In einer richtigen Partnerschaft zeigen Partner ihre Liebe dadurch, daß sie eifersüchtig sind.
- In einer richtigen Partnerschaft hat ein Partner ein schlechtes Gewissen, wenn er etwas tut, das der andere nicht so gern sieht.
- In einer richtigen Partnerschaft haben die Partner nur gemeinsame Interessen und Hobbies.

Mit welchen Thesen stimmen Sie überein, mit welchen nicht?
Wählen Sie die drei Thesen aus, die Ihnen besonders wichtig erscheinen, und drei, die Sie völlig ablehnen.
Vergleichen Sie Ihre Auswahl miteinander und versuchen Sie zu viert, sich auf drei positive und drei negative Thesen zu einigen.

Auf verkehrten Bahnen

Dies kleine Mädchen war lustig, ergeizig und hatte Vertrauen zu sich selbst.

Als das kleine Mädchen eine Frau geworden war, war sie still, schüchtern und ließ ihren Mann reden.

Was war passiert?

Erfinden Sie eine Lebensgeschichte dieser Frau und erzählen Sie sie.

Laufbahnen[12]

im kindergarten werden buben und mädchen
von kindergärtnerinnen betreut

in der volksschule werden mädchen und buben
von lehrerinnen – in ausnahmefällen von lehrern – unterrichtet

in der haupt- und mittelschule unterrichten
lehrer und lehrerinnen mädchen und burschen

an der universität lesen männliche lehrer
vor männlichen und weiblichen hörern

in der fabrik sind die männer vorarbeiter
die mädchen und frauen untergebene

im büro sind die männer die chefs
und die frauen stenotypistinnen

im amt sind die männer amtsleiter
und die frauen ausführende organe

im fernsehen sind die männer redakteure
und die frauen ansagerinnen
im politischen leben sind die männer funktionäre
und die frauen wählerinnen

in der regierung gibt es männliche ressortleiter
und einige weibliche alibi-frauen

(untersuchungen an kindern und jugendlichen haben ergeben, daß zwischen buben und mädchen im hinblick auf intelligenz kein unterschied besteht)

Elfriede Haslehner

Phantasiereise:
Gehen Sie mit Ihren Gedanken zurück bis in Ihre Kindheit. Rollen Sie Schritt für Schritt die einzelnen Abschnitte Ihres Lebens vor Ihrem inneren Auge auf. Wenn Ihnen wichtige Personen begegnen, verweilen Sie ein wenig bei Ihnen, nehmen Sie dann wieder Abschied und gehen Sie in Ihrer Geschichte weiter.

Zeichnen Sie nun Ihren eigenen Lebenslauf. Zeichnen Sie mit hellen und dunklen Farben all Ihre Beziehungen zu Frauen und Männern, die Sie positiv oder negativ geprägt haben. Achten Sie besonders darauf, von wem (Frau oder Mann) Sie in einzelnen Lebensphasen erzogen und beeinflußt wurden.

Sie können für das Zeichnen Ihres Lebenslaufes auch folgenden Raster verwenden:

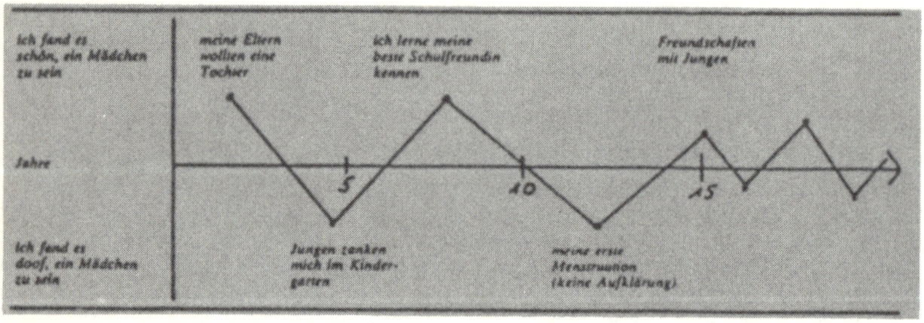

Sprechen Sie anschließend zu zweit darüber, welche Erfahrungen Sie in Ihrem Frausein bestärkt oder verunsichert haben und was in Ihren Lebensgeschichten ähnlich oder gleich ist. Jungen und Männer sollen auch einmal einen Blick in ihre Lebensgeschichte riskieren und sich die Frage stellen, wovon ihr Leben geprägt wurde.

Vieles von dem, was uns bestimmt, ist nicht angeboren, sondern durch Erziehung und Sozialisation gelernt. Sozialisation meint kurz gesagt den lebenslangen Prozeß, in dem wir die Werte und Normen der Gesellschaft lernen.

Erinnern Sie sich an Ihre Kindheit. Haben Ihre Eltern Sie und Ihre Geschwister je nach Geschlecht unterschiedlich behandelt? Inwiefern?
Nennen Sie solche konkreten Situationen, in denen Sie in der Familie, in der Schule, in der Freizeit... unterschiedlich behandelt wurden.

Untersuchungen machen uns deutlich, daß der Beginn der Diskriminierung bereits in den ersten Lebensmonaten liegt:

Im Unterschied zu Mädchen

- werden Buben länger gestillt;
- werden die Eß- und Schlafrhythmen von Buben mehr akzeptiert;
- beginnt die Sauberkeitserziehung bei Buben später und wird weniger konsequent durchgeführt;
- werden die Fähigkeiten des Sehens und der Bewegung bei Buben stärker gefördert;
- haben Buben größere Bewegungsfreiheit und werden weniger an das Haus gebunden;

Wenn Sie nochmals geboren würden und es sich aussuchen könnten: Möchten Sie lieber als Mädchen oder als Bub geboren werden? Wieso?

Geburtsfehler: weiblich

Rollenverteilung in der Familie[13]

Ein realistisches Übungsfeld: Die Aufgabenverteilung in der Familie

Macht es deinem Bruder eigentlich immer Spaß, den Abfall runter und die Kartoffeln raufzutragen, Schnee zu schippen, alle Fahrräder, die Kaffeemaschine und den Staubsauger usw. zu reparieren und samstags mit Papa das Auto zu putzen – halt nein, putzen ist ja »Weibersache« ... Bin ich als Mädchen ausgelastet mit kochen helfen, Tisch decken, Tisch abräumen, abtrocknen, bügeln, nähen ... oder heißt bei euch auch das Motto: Meine Mutter macht alles und Papi putzt die Schuhe? Oder sollte sich herausstellen: »Was, dein Vater kann kochen?« Oder: »Meine Mutter tapeziert immer allein, mein Vater ist handwerklich 'ne Niete«. Bekommt deine Mutter Taschengeld oder ist sie es, die die Finanzen regelt? Wie ist die Aufteilung in Ihrer Familie?

Rollenspiel

Eine Szene wird vorgegeben: z.B. unsere Familie daheim beim Abendessen. Jede/jeder überlegt sich kurz für sich:

- Wie ist (z.B. gestern) unser gemeinsames Abendessen zu Hause verlaufen?
- Wie verhalten sich Vater, Mutter, Geschwister (falls vorhanden) bzw. Kinder?
- Wie verhalte ich mich?
- Was ist typisch für die einzelnen Familienmitglieder?

Dann werden ein oder zwei Familien gespielt. Die Gruppe entscheidet, mit welcher Szene begonnen wird. Die SpielerIn sucht sich MitspielerInnen für die eigenen Familienmitglieder und erklärt jeder bzw. jedem ihre Rolle. Wichtig ist die Auswertung nach dem Spiel:
1. Wie ging es den einzelnen MitspielerInnen in ihrer Rolle?
2. Was ist den Beobachter/innen aufgefallen?

Jede/jeder kann mit ihrer/seiner eigenen *Familiensituation vergleichen:* Was ist bei uns daheim genauso, was ist anders? Gibt es Verhaltensweisen, die für eine Rolle typisch sind und in mehreren Familien gleich auftauchen? Was ist überall, für Mutter oder Vater, für Frauen oder Männer gleich? Ihr könnt euch auf *Rollenbeschreibungen* für jedes Familienmitglied einigen und das Rollenspiel wiederholen. Das Rollenspiel kann auch zu einer *Zwischenauswertung* unterbrochen werden: Die SpielerInnen werden gefragt: Wer ist zufrieden/unzufrieden, was denkt sich die Mutter, der Vater, das Kind gerade?

Männlich und weiblich

Woher wissen wir eigentlich, was »männlich« und »weiblich« ist? Diskutieren Sie über Ihre Begründungen.

Wie sehen wir Frauen uns selbst?
Welche Eigenschaften, Haltungen oder Werte bewerten wir als eher männlich, oder weiblich? Ein Arbeitsbogen[14] soll uns anregen, uns damit auseinanderzusetzen:

„Männliche" und „weibliche" Eigenschaften
Arbeitsbogen von Gisela Steppke

1. Ordnen Sie den folgenden Begriffen — ohne lange zu überlegen, rein „nach dem Gefühl" — die Bezeichnung (eher) „männlich" (m) oder (eher) ‚weiblich' (w) zu:

Geschmack	( )	Präzision	( )	Zärtlichkeit	( )
Mitgefühl	( )	Konformismus	( )	Risiko	( )
Kontakt	( )	Ehrgeiz	( )	Unberechenbarkeit	( )
Behaglichkeit	( )	Kontrolle	( )	Aggressivität	( )
Mut	( )	Fleiß	( )	Unabhängigkeit	( )
Gerechtigkeit	( )	Scheu	( )	Rücksichtnahme	( )
Beherrschung	( )	Aufstieg	( )	Ordnung	( )
Neid	( )	Erfolg	( )	Wissenschaft	( )
Planung	( )	Laune	( )	Bescheidenheit	( )
Aufopferung	( )	Banalität	( )	Originalität	( )
Vergeßlichkeit	( )	Entschiedenheit	( )	Fortschritt	( )
Geduld	( )	Zuverlässigkeit	( )	Organisation	( )
Behutsamkeit	( )	Anspruch	( )	Empfindlichkeit	( )
Herrschsucht	( )	Phantasie	( )	Sicherheit	( )
Spontaneität	( )	Reizbarkeit	( )	Zurückstecken	( )
				Leitung	( )

2. Lesen Sie Ihre Zuordnungen noch einmal durch, und unterstreichen Sie diejenigen, von denen Sie glauben, daß sie nicht mit der „allgemeinen Meinung" übereinstimmen. Warum sind Sie zu einer abweichenden Zuordnung gekommen?
3. Schreiben sie die „männlichen" und die „weiblichen" Begriffe, die nicht unterstrichen sind, jeweils untereinander. Was fällt auf? Bewerten Sie die einzelnen Begriffe positiv (+) bzw. negativ (—). Was fällt auf?

m	w

4. Was kann man aus diesem Test schließen?
5. Beruhen die Zuordnungen auf Erfahrungen, Tatsachen oder sind sie Ausdruck von Vorurteilen?

Der Arbeitsbogen wurde leicht modifiziert.

Versuchen Sie gemeinsam, diese typischen Eigenschaften in Form einer Collage darzustellen. (Sie können »männliche« und »weibliche« Plakate gestalten oder beides auf ein Plakat bringen.)

Hindernislauf[15]

Wir haben einen kleinen »Hindernislauf« zusammengestellt, den Ihr … ausprobieren könnt. Falls Ihr keine gemischte Gruppe habt, ladet Euch doch eine andere Gruppe ein.
Es geht natürlich auch ohne!
Jungen und Mädchen [bzw. Männer und Frauen] sollen alle Aufgaben lösen, eine Punktebewertung könnt Ihr selbst festlegen, ebenso die Aufgabenfolge. Sicher wird's ein toller Spaß, sehr wichtig sollte aber ein anschließendes Gespräch sein, bei dem Ihr als Leiterin mal ganz gezielt nachfragt z.B. – wie sich die Gruppenmitglieder beim Lösen der Aufgaben gefühlt haben;

- warum es eigentlich so lustig wirkt, wenn ein Junge sich mit Stricknadeln quält und ein Mädchen keinen Nagel einschlagen kann;
- warum Mädchen bestimmte Sachen besser/schlechter können als Jungen und umgekehrt;
- warum das so ist
- warum das so sein muß?
- …

Aufgaben für den »Hindernislauf«

1. Eine Nadel mit 20 Maschen abstricken (evtl. Zeit stoppen bzw. festlegen, z.B. 1-2 Minuten und pro gestrickter Masche 1 Punkt verteilen – kleine Hilfen sind natürlich gestattet!)
2. Holzstück zersägen
3. Babypuppe wickeln
4. Fußball durch eine Torwand schießen
5. Blumengesteck machen
6. Nägel in ein Holzstück schlagen
7. Hemd bügeln
8. Holz hacken
9. Hula-Hopp ausprobieren
10. … und was euch sonst noch einfällt

Lied: Mädchen, laßt euch nichts erzählen

2. Mädchen laßt euch nichts erzählen!
Wehrt euch, traut euch, bis es glückt!
Laßt euch länger nicht befehlen,
was sich für ein Mädchen schickt!

Mädchen, laßt euch nichts verbieten,
was ein Junge machen darf!
Sagt, wovor soll'n wir uns hüten?
Grad auf sowas sind wir scharf!

Wenn wir groß sind,
gehen wir gemeinsam ran,
werden wir als Frau und Mann
Bagger, Kran und Haushalt führen,
Babys wickeln, demonstrieren,
wirklich gleiche Menschen sein!
So wird's sein!

Mädchen fallen aus der Rolle

Ich begann alles das zusammenzuzählen, was ich nicht konnte.
Ich fing mit dem Kochen an.
Meine Großmutter und meine Mutter kochten so gut, daß ich ihnen alles überließ. Sie versuchten immer wieder, mir ein Gericht beizubringen, aber ich sah zu und sagte nur: »Ja, ja ich verstehe«, während mir die Anweisungen wie Wasser durch den Kopf flossen, und dann ruinierte ich immer alles, was ich kochte, so daß mich schließlich niemand mehr aufforderte, es noch einmal zu tun.
Ich erinnere mich an Jody, meine beste und einzige Freundin während des ersten Jahres auf dem College, sie machte mir eines Morgens bei sich zu Hause Rühreier. Sie schmeckten ungewöhnlich, und als ich sie fragte, ob sie irgend etwas Besonderes hineingetan hätte, sagte sie, Käse und Knoblauchsalz. Ich fragte, wer ihr das beigebracht hätte, und sie sagte, niemand, sie hätte sich das einfach ausgedacht. Aber schließlich war sie praktisch veranlagt und wollte im Hauptfach Soziologie studieren.
Kurzschrift konnte ich auch nicht.
Das bedeutete, ich würde nach dem College keine gute Stellung bekommen. Meine Mutter sagte immer wieder, niemand würde mich nur mit Hauptfach Englisch nehmen. Aber eine Englischabsolventin, die Kurzschrift konnte, war schon etwas anderes. Von allen Seiten würde ich Angebote bekommen. Ich würde bei den aufsteigenden jungen Männern gefragt sein und einen aufregenden Brief nach dem anderen diktiert bekommen.
Die Schwierigkeit war nur, ich haßte die Vorstellung, Männern irgendwie zu dienen. Ich wollte meine eigenen aufregenden Briefe diktieren.

Sylvia Plath[16]

Nach wie vor – trotz verschiedener Kampagnen – erlernt ein hoher Prozentsatz von Mädchen traditionelle Frauenberufe, d.h. Berufe mit schlechten Aufstiegsmöglichkeiten und geringem Lohn. In Österreich konzentrieren sich circa 60% der weiblichen Lehrlinge auf die drei Berufe Verkäuferin, Friseurin und Bürokauffrau, obwohl es mehr als 200 Lehrberufe gibt; in Deutschland ist die Situation sehr ähnlich:

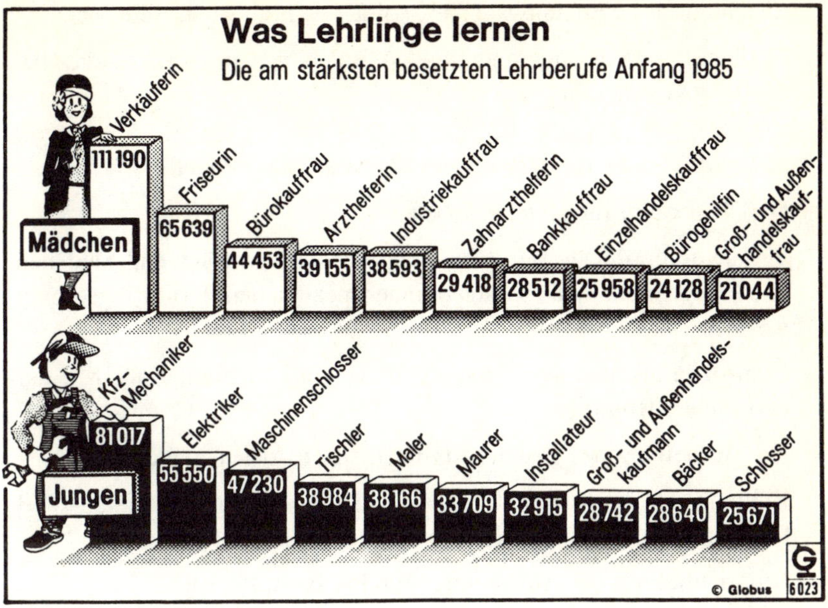

Forderungen[17]

Um diese ungerechte Situation zu verändern, fordern wir ... von Verantwortlichen in Kirche, Politik und Gesellschaft:

1. Vereinbarkeit von Familie und Beruf

Generelle Arbeitsverkürzung bei gleichzeitiger Schaffung von neuen Arbeitsplätzen.

Wenn Frauen wegen Schwangerschaft oder Familienarbeit zeitweilig aus der Berufsarbeit ausscheiden, müssen ihnen berufsbezogene Fortbildungen angeboten werden, damit sie neue Entwicklungen verfolgen und so leichter wieder in die Berufsarbeit einsteigen können.

Familienfreundliche Arbeitszeitregelungen.

Arbeitsplatzgarantie von mindestens drei Jahren für Mütter oder Väter in allen Bereichen.

Erhöhung des Erziehungsgeldes, so daß es Lohnersatz sein kann.

Uneingeschränkte Anerkennung von Erziehungs- und Pflegezeiten bei der Rentenbemessung …

2. Berufliche Gleichstellung von Mädchen und Frauen

Gleichen Lohn für gleiche Arbeit.

»Frauenfreundliche« Berufsberatung, die dazu beiträgt, daß Mädchen und Frauen nicht in die wenigen frauenspezifischen Berufe abgedrängt werden.

Qualifizierung und verstärkten Einsatz von Ausbildnerinnen in der beruflichen Bildung.

Die Aufhebung des geschlechtsspezifischen Arbeitsmarktes.

Bindung der Wirtschaftsförderung an die Auflage, Mädchen- und Frauenausbildungs- und -arbeitsplätze zu schaffen.

Umorientierung bei Ausbildungs- und Arbeitsplätzen.

Frauenförderungspläne und Quotierungen zugunsten von Mädchen.

Neue Regelung der Teilzeitarbeit (keine ungeschützten Arbeitsverhältnisse mehr!).

3. In unseren Verbänden [d.h. Kirche, Gruppen, Institutionen…] sehen wir folgende Schritte zu Veränderungen

Bewußtseinsbildende Angebote, die die Benachteiligung von Mädchen auf dem Ausbildungs- und Arbeitsmarkt zeigen und nach Ursachen forschen.

Räume für Mädchen und Frauen, in denen sie Erfahrungen austauschen, ihren Standort bestimmen und gemeinsame Handlungsschritte überlegen können.

Gezielte Maßnahmen der Begleitung und Unterstützung bis hin zu politischen Aktionen.

Diskutieren Sie diese Forderungen in einem Streitgespräch mit GewerkschafterInnen, PolitikerInnen, Frauenbeauftragten, UnternehmerInnen, ArbeiterInnen, Lehrlingen, SchülerInnen…

Berufswahl zwischen Traum und Wirklichkeit

»Interviewen Sie sich gegenseitig über Ihren Wunschberuf und Ihre Zukunftsvorstellungen (die Sie als Jugendliche hatten). Tragen Sie die Ergebnisse in der Gruppe zusammen. Vergleichen Sie, welche Berufe die Buben und welche die Mädchen wählen. Vergleichen Sie auch, wie Mädchen und Buben sich Ihre Zukunft (Beruf, Ehe, Familie) insbesondere hinsichtlich der Vereinbarkeit von Familien- und Berufsarbeit vorstellen und diskutieren Sie darüber.
Erstellen Sie ein Liste mit typischen Frauen- und Männerberufen und überlegen Sie, welche Berufe eher unterbrochen werden können.«[18]

Meist hat die Umgebung nicht viel Verständnis für den eigenen Berufswunsch von Mädchen. Rollenspiel[19]

Zur Situation

Sonja steht kurz vor ihrem Fachabitur. Sie möchte gerne Maschinenbau an der Fachhochschule studieren, ist sich ihres Berufswunsches aber noch nicht ganz sicher. Sie führt deshalb mehrere Gespräche: eins mit ihren Eltern, das zweite mit ihrem Freund, das dritte mit ihrer Freundin, bevor sie sich zu einem weiteren Beratungsgespräch zum Arbeitsamt begibt.
Sonja: 19 Jahre alt, hat großes Interesse an Technik und gute Schulnoten in Mathematik und Physik.
Mutter: Sie ist stolz auf ihre Tochter; sie selbst hat ihre Berufswünsche immer zurückgestellt. Sie fragt sich allerdings, ob Sonja sich nicht zu viel vornimmt…
Vater: Er möchte Sonja in der Verwaltung seiner Firma unterbringen, da er nicht die Notwendigkeit sieht, viel Zeit und Geld in die Ausbildung seiner Tochter zu investieren, da sie ja doch heiraten wird. Außerdem hat er ja noch zwei jüngere Söhne.

Freundin: Sie selbst möchte Erzieherin werden, da sie darüber nachdenkt, wie sie später einmal Familie und Beruf am einfachsten vereinbaren kann.
Freund: Er hat sich bereits selbst um einen Studienplatz beworben und unterstützt Sonjas Studienwünsche; seine Gedanken kreisen aber vor allem um die eigenen Pläne (Studium, fremde Stadt, eigene Wohnung…). Er möchte, daß Sonja in der gleichen Stadt wie er studiert. Er hat sich bisher keine Gedanken gemacht, daß dieser Wunsch mit Sonjas Studienplänen nicht vereinbar sein könnte.
Arbeitsamt: Der Eignungstest weist die Fähigkeiten von Sonja für ein Maschinenbaustudium nach. Der Berater macht aber vor allem auf die hohen Anforderungen dieses »Männerstudiums« aufmerksam und belegt, daß viele Frauen vorzeitig abspringen. Außerdem verweist er auf die große männliche Konkurrenz bei der späteren Stellensuche.

Frage:

Wie entscheidet sich Sonja? Nach den vier Gesprächen teilt Sonja ihre Entscheidung mit. Sie erklärt ihren Gesprächspartnerinnen, welche Gründe sie zu dieser Entscheidung bewogen haben.

Anschließend wird das Rollenspiel in der Gesamtgruppe ausgewertet.

Wer sagt, daß Mädchen dümmer sind

2. Wer sagt, daß Mädchen schwächer sind?
Wer sagt, daß Mädchen immer zickig sind,
wer sagt, daß Mädchen affig sind —
der spinnt, der spinnt, der spinnt!
Wer sagt, die Mädchen fürchten sich
und petzen und sind immer zimperlich,
sind also blöd und hinderlich —
der hat'n Stich, 'n Stich, n' Stich!

Mädchen sind genauso schlau wie Jungen,
Mädchen sind genauso frech und schnell,
Mädchen haben soviel Mut wie Jungen,
Mädchen haben auch ein dickes Fell!

»Alles kann mein Mütterlein…« – Beruf: Hausfrau

Zum Vatertag[20]

Unser Vater hat viel Plag,
weckt uns leis am Morgen;
muß den lieben langen Tag
für uns Kinder sorgen.

Alles kann mein Väterlein,
kochen, waschen, stricken;
und am Abend muß er noch
uns're Hosen flicken.

Bin ich krank so pflegt er mich
setzt sich an mein Bett;
liest mir vor, denkt nicht an sich.
Vater, du bist nett.

Darum bringen, Vater, wir
Tochter heut und Sohn
an deinem Ehrentage dir
den Blumenstrauß zum Lohn.

Den Teilnehmerinnen und Teilnehmern wird folgender Text vorgelesen oder abgezogen zur Verfügung gestellt:

Beruf Hausfrau[21]

Was gefällt dir nicht an Deinem Arbeitsplatz, fragte ich den Schlosser Werner K. Das war vor zwei Jahren. Warum fragst du ihn, erwiderte Inge, seine Frau. Immer die Männer, frag mich doch mal. Ist Hausfrau denn kein Beruf? Ich fragte Inge also. Sie war damals vierunddreißig Jahre, seit zehn Jahren verheiratet. Mutter von zwei Kindern. Wir kannten uns recht gut und waren befreundet. Aber wie das so ist, als wir heirateten und die Kinder kamen, sahen wir uns fast gar nicht mehr. Ja also, begann sie dann zögernd zu erzählen. **Mein Arbeitsplatz ist meine Wohnung**. Sozialer Wohnbau, zu kleine Küche, zu kleines Badezimmer. Ewig dasselbe, murrte Werner. Inges Stimme hob sich: Ja, ich weiß. Aber du schimpfst ja auch seit einem halben Jahr, eure Werkstatt sei zu klein. Werner schwieg. Es war ein verbissenes Schweigen. Hier lag etwas in der Luft, dachte ich. **Mein Arbeitgeber**, sprach Inge weiter, ist **meine Familie**. Da könnte vieles anders sein. Wir haben, wie du weißt, noch Kohleöfen. Glaub nur nicht, daß Werner mir unaufgefordert einen Eimer Kohlen aus dem Keller holt. Nur wenn es um sein Bier geht, ist der Weg nicht zu weit. Die leeren Flaschen stehen dann allerdings in der Küche. Runterbringen kann ich sie. **Aber das sind doch nur Kleinigkeiten**, sagte Werner unwirsch. O ja, aber sie wiederholen sich seit Jahren Woche für Woche. Wie war das denn gestern. Du hast mir erzählt, du hattest gerade aufgeräumt, als dein Meister dir eine Zange auf die Werkbank legte. Warum hast du dich da aufgeregt? Gerade diese Kleinigkeiten machen ja mit der Zeit mürbe. Die Flurtür fiel ins Schloß. Es polterte in der Diele. Inges Kinder, zwei Jungen von neun und sieben Jahren, kamen herein. Zieht die Schuhe aus, rief Inge. Das sage ich den beiden jeden Tag. Vergesse ich es mal, marschieren die Burschen mit den schmutzigen Schuhen durch die ganze Wohnung. Und mit der Ordnung hapert es. Vergangene Woche hab ich die Geduld verloren und alle unaufgeräumten Schubladen mitten in ihrem Zimmer ausgeschüttet. Ob ihnen das eine Lehre ist? Die jüngsten Arbeitgeber standen da mit hängenden Köpfen. **Aber es sind doch Jungs, da kannst du doch nicht verlangen**… Weiter kam Werner nicht. Ich kann, sagte Inge bestimmt. Übrigens, wendete sie sich an mich, ist es wahr, **daß mir drei bis fünf Prozent von Werners Lohn als Taschengeld**

zustehen? Ja, sagte ich. Werners Gesicht wurde rot, seine Stimme laut. Jetzt stoß du noch in dasselbe Horn. Seit Tagen macht mir Inge die Hölle heiß. Ich schlucke nicht mehr alles schweigend, erwiderte Inge. Und um auf das Taschengeld zurückzukommen. Zehn Prozent deines Lohnes hast du doch für dich. **Ich bringe ja auch das Geld nach Hause**, trumpfte Werner auf. Inge setzte sich. So, mein Lieber, hier bleibe ich jetzt. **Ich streike sozusagen.** Sieh zu, wer kocht, wäscht und putzt. Werner stand da, sah Inges entschlossenes, mein unbehagliches Gesicht. Bekommst du Taschengeld? fragt er mich plötzlich. Ja! Drei Prozent? Nein, fünf! Junge, dein Mann ist aber großzügig. Und wenn er dir nichts gegeben hätte, was hättest du dann gemacht? Gestreikt, wie Inge. Er schüttelt den Kopf. Was euch Frauen nicht alles einfällt. Hausfrau ist also immer noch kein Beruf, erwiderte sie empört, wir waren doch beide berufstätig und haben Vergleichsmöglichkeiten. Acht Stunden hinter einem Schreibtisch, einer Ladentheke oder Akkordarbeit in der Fabrik, das Schlimmste, was ich mir vorstellen kann, sind bestimmt kein Vergnügen, aber es macht mich rasend, wenn ich das Wort Nur-Hausfrau höre. Dabei bin ich Putzfrau, Köchin, Kinderpflegerin, Wäscherin und was weiß ich noch alles. **Einen Achtstundentag kenne ich auch nicht.**

Es werden *Kennzeichen der Hausfrauenarbeit* zusammengestellt:

Arbeitsplatz: Wohnung
Tätigkeiten: Putzfrau, Köchin, Kinderpflegerin, Wäscherin (dies aus dem Text; weiter:) durch die Klasse zu ergänzen: Buchhalterin, Lehrerin, Krankenschwester, Schneiderin etc.
Arbeitszeit: ca. 18 Stunden (mit unregelmäßigen Unterbrechungen), kein Wochenende.
Urlaub: nicht geregelt, meist gar keinen, da Hausarbeit auch in den Ferien.
Lohn: keinen (Lehrerinformation: gesetzlicher Anspruch: maximal 5% des Gehaltes des Mannes)!
Soziale Stellung: die des Ehemannes.

Hausarbeit[22]

Von wem erwarten wir die Hausarbeit?
Was wäre, wenn die Hausfrau, die ja oft auch außer Haus berufstätig ist, die Hausarbeit verweigert?
Warum gibt es für Hausarbeit keinen Lohn?
Wünschen sich die Buben/ Ihre Söhne später eine Ehefrau, die die Hausarbeit übernimmt? Warum?
Wollen die Mädchen/ Ihre Töchter später in erster Linie Hausfrauen sein? Warum?
Machen nur solche Hausfrauen Hausarbeit, die nicht außer Haus berufstätig sind?

Was hindert Frauen, sich gegen ihre Situation zur Wehr zu setzen und etwas zu verändern?

Frauen sind auch dann, wenn sie berufstätig sind, für den Haushalt und die Erziehung der Kinder verantwortlich. Schon allein unser Sprachgebrauch, daß Männer »mithelfen«, macht dies deutlich.
Was berufstätige Männer nicht tun wollen, zeigt nachstehende Grafik. Die Sozialforschungsstelle Dortmund hat berufstätige Männer befragt, die mit einer ebenfalls berufstätigen Partnerin zusammenleben.

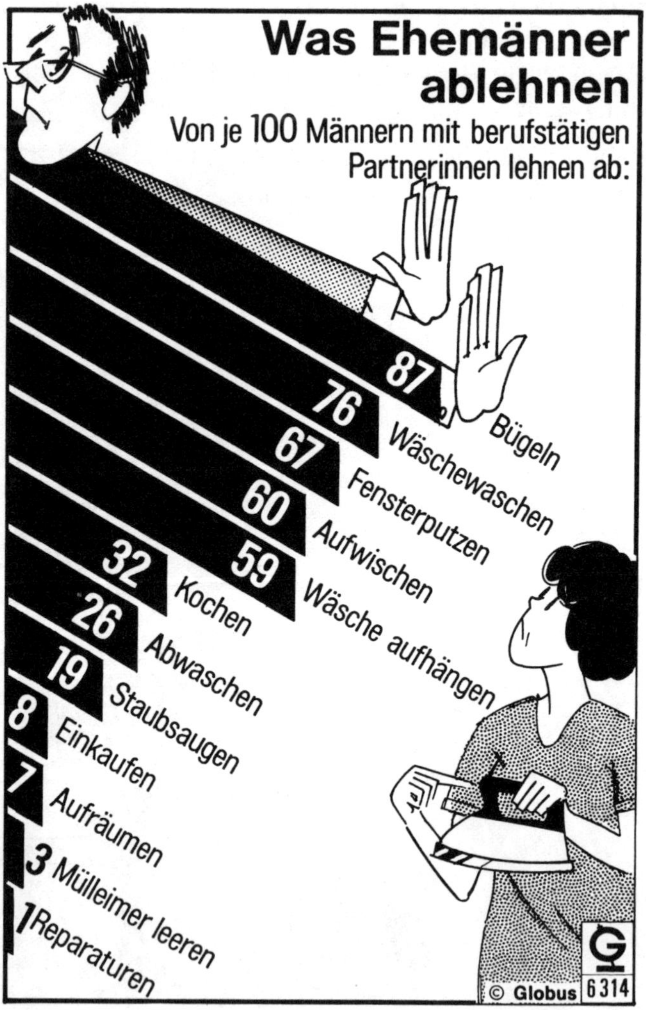

AUSMASS UND DAUER VON HAUSHALTSARBEIT UND KINDERBETREUUNG NACH ERWERBSSTATUS SOWIE NACH WOCHENTAGEN; VERGLEICH MÄNNER—FRAUEN

ARBEITEN FÜR HAUSHALT, GARTEN UND KINDER INSGESAMT

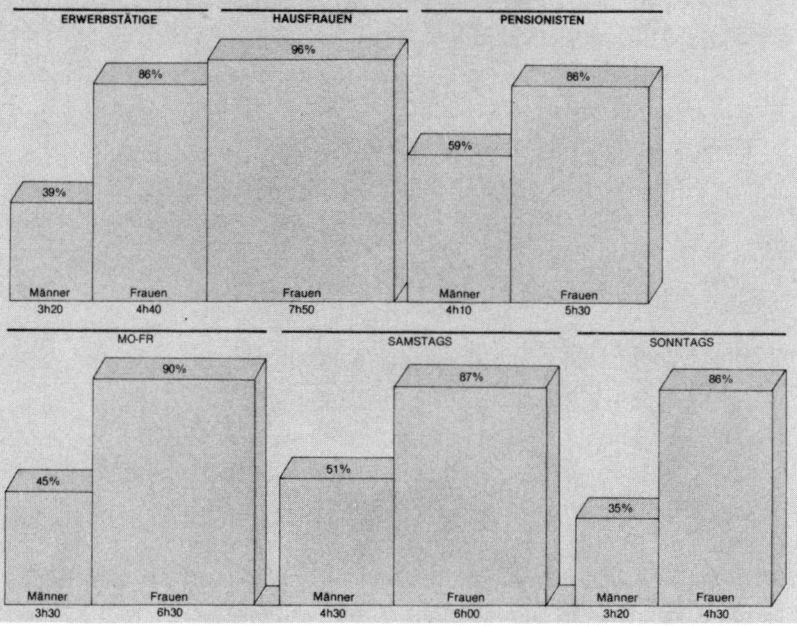

Wie funktioniert die Verteilung der Hausarbeit in Ihrer Familie und in Ihrem Bekanntenkreis? Listen Sie die einzelnen Tätigkeiten im Haushalt auf und teilen Sie diese innerhalb Ihrer Familie neu auf. Versuchen Sie, einzelne Ihrer Vorschläge konkret zu planen und in die Tat umzusetzen.

Armut ist weiblich

Armut trifft Frauen noch stärker als Männer. Frauen sind arm, weil

- mehr Frauen als Männer erwerbslos sind
- sie schlechter ausgebildet sind
- sie für gleiche Arbeit (insgesamt) mindestens ein Drittel weniger Lohn bekommen
- Hausfrauenarbeit unbezahlt ist
- Familie und Kindererziehung Frauenarbeit ist
- Frauen für Familie und Kinder auf ihre Erwerbsarbeit (zeitweise oder für immer) verzichten
- Frauen deswegen weniger Rente bekommen…

Was können wir gegen diese Zustände tun?

In Österreich z.B. bekam 1988 fast jede fünfte erwerbstätige Frau (ca. 60% der Frauen sind erwerbstätig) weniger als 6640,- öS netto (= 950,- DM) im Monat, in der Bekleidungsbranche sind es fast 45% der Arbeiterinnen! Die am 27.9. 1990 veröffentlichten Zahlen zeigen, daß sich die Situation zuspitzt: »Wien: Drei Viertel der weiblichen Erwerbstätigen gehören zu den beiden schlechtestbezahlten Einkommensgruppen mit monatlichen Bruttoverdiensten bis 15.000,- öS (= 2100,- DM). 41% aller weiblichen Arbeitnehmer sind ›Mindestlohnbezieher‹ mit Monatseinkommen unter 10.000,- öS (= 1400,- DM) Brutto.«[23]

Stellen Sie sich den Alltag mit einem solchen Einkommen bzw. der davon errechneten Rente vor: Listen Sie genau auf, wofür Sie monatlich wieviel Geld ausgeben müssen (von der Zahnbürste bis zur Buskarte, von der Miete bis zur Unterwäsche…). Wieviel müssen Sie für längerfristige Anschaffungen zur Seite legen, wieviel bleibt Ihnen zu Ihrer persönlichen Verfügung übrig…?

Lebensgeschichte von Helga M.[24]

Helga M., geboren 1936, geschieden, 2 Kinder

Frau M. begann 1951 eine Berufsausbildung zur Friseurin, die sie 1954 abschließen konnte. Anschließend arbeitete sie als Angestellte in einem Friseursalon. 1957 wurde ihre Tochter unehelich geboren. Das Kind betreuten die Eltern von Frau M., die weiter als Friseurin tätig war und 1959 die Meisterprüfung ablegte. Mit Hilfe des Lastenausgleichs ihrer Eltern eröffnete Frau M. 1960 einen eigenen Friseursalon, mußte sich dafür aber sehr hoch verschulden. 1962 heiratete Frau M. einen selbständigen Installateur und ließ sich nach der Hochzeit ihre Rentenversicherungsbeiträge ausbezahlen. Der Salon mußte geschlossen werden, Frau M. brachte ihr zweites Kind zur Welt und half stundenweise im Geschäft ihres Mannes. 1967 wurde die Ehe geschieden. Frau M. wurde schuldig gesprochen, erhielt zwar das Kind zugesprochen, aber keinen Unterhalt für sich selber. Nach der Scheidung zog Frau M. mit ihren beiden Kindern zu ihrem Freund und begann stundenweise wieder in einem Friseursalon zu arbeiten. Wegen einer Allergie konnte sie ihrem erlernten Beruf seit 1972 nicht mehr nachgehen. Nach einem Jahr Arbeitslosigkeit bot ihr das Arbeitsamt eine Umschulung zur Bürogehilfin an, die sie wegen einer chronischen Sehnenscheidenentzündung aber wieder abbrechen mußte. Seit 1974 arbeitet Frau M. als Stationshilfe in einem Altenheim. Frau M. muß dieser Tätigkeit auf jeden Fall bis zur Altersgrenze nachgehen. Für den vorgezogenen Frauen-Ruhestand reichen ihre Beitragsleistungen nicht aus.

Was hätte H. M. tun müssen, um nicht in solche Probleme zu schlittern?

»Alle Menschen sind gleich – Männer sind gleicher«

Artikel 3 des Grundgesetzes

(Gleichheit vor dem Gesetz)

(1) Alle Menschen sind vor dem Gesetz gleich.
(2) Männer und Frauen sind gleichberechtigt.
(3) Niemand darf wegen seines Geschlechtes, seiner Abstammung, seiner Rasse, seiner Sprache, seiner Heimat und Herkunft, seines Glaubens, seiner religiösen oder politischen Anschauungen benachteiligt oder bevorzugt werden.

Formulieren Sie Maßnahmen, gleichen Lohn für gleiche/ gleichwertige Arbeit durchzusetzen. Nennen Sie konkrete Schritte, dies zu erreichen.

Zur Arbeit mit diesem Kapitel

Sprache/ Gesprächsverhalten

Verschiedene Übungen sind nötig, um die tief geprägten Sprachmuster zu verändern. Dabei ist besonders im Bereich des Religiösen (vgl. Gott/ das Gott/ Göttin...) darauf zu achten, daß keine religiösen Gefühle verletzt werden durch ein zu schnelles Verändern-Wollen unseres gewohnten Sprachgebrauchs.
Auch die Bewußtmachung unseres Sprechverhaltens kann viel an bedrückenden Emotionen und Abwehr freimachen: Es ist nicht leicht zu akzeptieren, daß Frauen oft übergangen, ignoriert, an die Wand gespielt werden. Auch hier ist ein langsames Bewußtmachen und schrittweises Verändern notwendig. Sinnvoll ist, sich immer wieder einzelne Details im Verhalten und in der Sprache bewußt zur Veränderung vorzunehmen.
Vgl. dazu die Anmerkungen und Impulse beim Kapitel: »Das Faß ist voll. Feministische Spiritualität«.

Werbung

Das Bewußtmachen gesellschaftlicher Prozesse gegen Frauen bringt auch die Erfahrung von Ausgrenzung mit sich: Frauen fangen an, auch auf die verschiedenen Formen von Ungleichheit sensibler zu reagieren, und dadurch kommen neue Probleme auf sie zu. Viele Aspekte von Ungerechtigkeit und Unterdrückung, die vorher gar nicht aufgefallen sind, werden jetzt sehr leidvoll deutlich. Es gelingt nicht mehr, die Augen vor diesen Formen von Gewalt einfach zu verschließen. Diese Erfahrungen erfordern eine Stärkung der Frauen untereinander, den Austausch über diese Schwierigkeiten und Möglichkeiten, gemeinsam damit umgehen zu lernen.
Es ist belastend, Frauen immer wieder als Objekt, als Werbe- Gegenstand mit ganz bestimmten Klischees sehen zu müssen. Deshalb ist es entscheidend, um nicht die Mutlosigkeit zu fördern, auch positive Erlebnisse auszutauschen, kleine Erfolge zu feiern und sich gegenseitig zu stärken.

Partnerschaft

Es gibt wohl kaum einen Lebensbereich, der so stark mit Hoffnungen und Ängsten, Verwundungen und Verletzungen gekoppelt ist, wie der Beziehungsbereich, d.h. die Wünsche und Träume bezüglich der Gestaltung von Partnerschaften. Es muß wiederum darauf geachtet werden, daß die persönliche Betroffenheit nicht allzu sehr verstärkt wird, daß genügend Zeit zum Austausch und Aufarbeiten bleibt und daß konkrete Schritte zur Veränderung gemeinsam erarbeitet und getragen werden.

Rollenbilder, Lebenssituationen, Lebenslauf

Das Zeichnen des eigenen Lebenslaufes kann sehr schmerzvolle Erinnerungen bewußt machen, so daß genügend Raum für die Aufarbeitung dieser Erfahrungen eingeplant werden muß.
Viel schwerer ist die Veränderung von Lebenssituationen: Es darf nicht darum gehen, Unzufriedenheit zu provozieren, wenn Menschen in ihren Lebenssituationen glücklich sind. Wichtig ist, sowohl das Problembewußtsein zu stärken als auch mit den Menschen (Frauen und Männern), die unglücklich oder unzufrieden sind, Möglichkeiten der Bewußtmachung und Veränderung zu erarbeiten.
Die Diskussion über Rollenbilder und über die selbst gewählten oder zugewiesenen Rollenverteilungen trifft einen sehr persönlichen Bereich jeder Frau. Selbstverständnis und Zufriedenheit bzw. Unzufriedenheit hängen eng mit den eigenen Rollen zusammen. Hier möge darauf geachtet werden, daß kein gegenseitiges Ausspielen und Bewerten der Rollen stattfinden: Nicht jede Frau muß berufstätig oder verheiratet oder mit Kindern... sein, um glücklich zu sein. Wichtig ist, daß die Buntheit und Vielfalt der eigenen Interessen ihren Platz finden.
Manche dialogische Arbeitsweisen (z.B. typische männliche und weibliche Eigenschaften, Hindernislauf, typische Rollenzuweisungen u.ä.) können auf spielerische Weise Vorurteile bewußtmachen und verändern, ohne allzu persönlich und belastend zu sein. Diese Methoden sind auch für Gruppen gut verwendbar, deren TeilnehmerInnen sich weniger gut kennen oder nur kurz zusammenarbeiten.

Die Statistiken machen leider zur Genüge deutlich, daß Männer ihre Privilegien nicht freiwillig aufgeben, daß sich vieles in der Praxis noch nicht verändert hat. Zugleich kann es auch bei diesem Zahlenmaterial vorkommen, daß manche diese Fakten nicht wahrhaben und als »übertrieben« oder gar als »Lüge« abtun wollen. Dann können besonders Lieder, Spiele, Geschichten u.ä. helfen, auf verschiedenen emotionalen und persönlichen Ebenen Zugang zu diesen Themen zu schaffen.

Gerade im Bereich gesellschaftlicher Benachteiligung von Frauen ist es unverzichtbar, diese Themen gemeinsam mit Männern bzw. Jungen aufzugreifen und zu bearbeiten. Ziele des Arbeitens sind nicht gegenseitige Vorwürfe und Schuldzuweisungen, sondern das Aufzeigen und Erproben von Möglichkeiten der Veränderung. Ziel ist weiterhin ein partnerschaftliches Zusammenleben, das nicht mehr auf Kosten der Frauen geht, sondern das beide, Frauen und Männer, ihren Wünschen und Fähigkeiten entsprechend, gestalten können.

In manchen Gruppen ist es, unserer Erfahrung nach, hilfreich, mit biblischen Texten ins Gespräch einzusteigen. Über die Arbeit an biblischen Frauengestalten oder biblischen Szenen ist der Bezug zu gesellschaftlichen Problemen gut herzustellen; gleichzeitig ist das Thema auf diese Weise für manche Frauen und Männer angstfreier und weniger belastend.

2. Schöne weite Welt – kein Platz für Tränen

Frauen in der »Dritten Welt«

Sexismus meint die Unterdrückung aufgrund des Geschlechts und wird verwendet für die Mißachtung und Ausbeutung von Frauen, besonders durch Männer.

Frauen
spielen eine Rolle ...

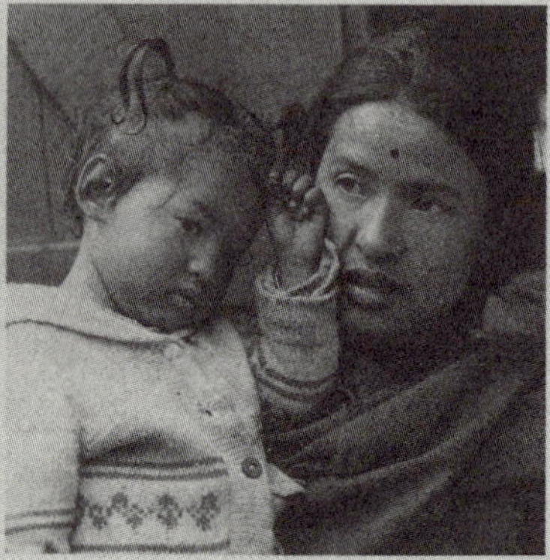

Frauen sind die Hälfte
der Weltbevölkerung
sie leisten fast $^{2}/_{3}$
der Arbeitsstunden
sie erhalten nur $^{1}/_{10}$
des Welteinkommens
und sie besitzen weniger
als $^{1}/_{100}$ des Eigentums
der Welt.

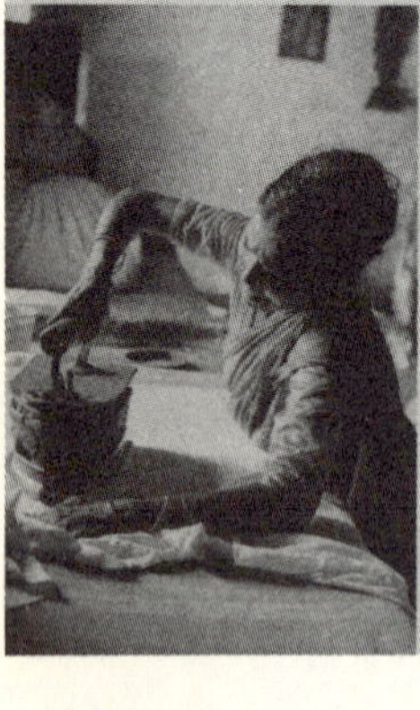

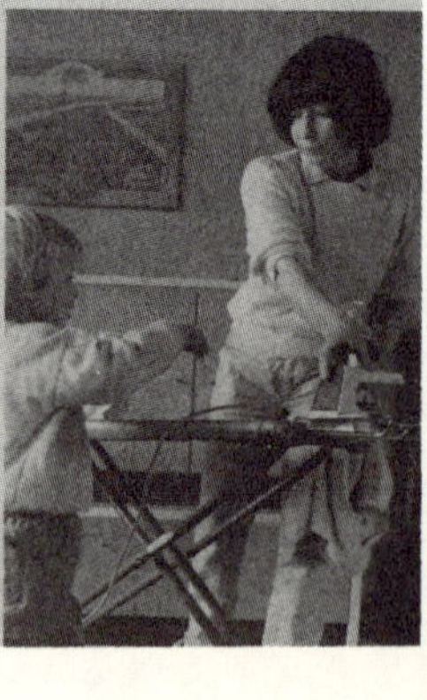

Sind Sie ein heimlicher Sexist?[1]

Testen Sie sich!

Sind Ihre Handlungen sexistisch bedingt? Trotz der besten Absichten geht der Sexismus auf unseren Haupt- und Nebenstraßen um, er lauert sogar in der besten Tasse Kaffee und versteckt sich unter frisch gebügelten Laken. Hier ist eine Gelegenheit, herauszufinden, wo Sie stehen — oder fallen.

1. Jemand erzählt einen sexistischen Witz. Sie

a) lachen,
b) fordern ihn heraus,
c) wechseln das Thema.

2. Wie fühlen Sie sich, wenn Sie weinen?

a) Auf jeden Fall verlegen und beschämt.
b) Ich fühle mich danach besser.
c) Privat macht es nichts, doch in der Öffentlichkeit, denken sie, sollten sie die Beherrschung nicht verlieren.

3. Sie werden gefragt, warum Mädchen weniger oft wissenschaftliche Fächer wählen als Buben. Sie erklären:

a) Die Werte hinter der Wissenschaft kranken, Mädchen wollen da nicht mitmachen.
b) Mädchen sind eben nicht gut in Zahlen und Logik.
c) Die Lehrer ermutigen Mädchen nicht zur Wissenschaft.

4. Sie rufen ein befreundetes Paar an, das eben ein Kind bekommen hat. Sie wollen an einen Ort gehen, wo Kinder nicht erwünscht sind. Nehmen Sie an:

a) Der Mann wird kommen, und die Frau wird mit dem Kind zu Hause bleiben.
b) Die Frau wird kommen und der Mann wird mit dem Kind zu Hause bleiben.
c) Beide kommen, nachdem sie sich einen Babysitter organisiert haben.
d) Sie würden einem Elternteil von Kleinkindern nie einen solchen Vorschlag machen.
e) Stattdessen bringen Sie etwas Essen und Trinken zu ihnen nach Hause.

5. Ein Freund fragt Sie, ob Sie Feminist seien. Sie antworten:

a) Nein, die sind so schrill, sie schaden ihrer eigenen Sache.
b) Ja, es hat meine Denkweise verändert.
c) Die giftgrünen Stiefel und das rosa Haar der Feministinnen (oder war es giftgrünes Haar und rosa Stiefel) bringen mich ganz aus dem Konzept.
d) Nein, aber ich stimme einigen Dingen, für die sie kämpfen, zu.

6. Sie müssen jemanden für einen Posten aufnehmen. Ein Mann und eine Frau — beide von ihnen haben Kinder — haben die gleiche Qualifikation. Sie

a) entscheiden sich für den Mann
b) wenden positive Diskriminierung an und stellen die Frau an
c) führen mit beiden ein Gespräch und nehmen an, daß dies den besten Kandidaten zeigen wird.

7. Sie müssen auf das Baby aufpassen. Sie gehen aus, und unterwegs muß das Baby gewickelt werden, es sind aber keine Windeln da. Sie

a) ärgern sich über sich selbst, weil sie vergessen haben, welche mitzunehmen
b) ärgern sich über Ihren Partner, weil er nicht dafür gesorgt hat
c) grinsen und ertragen es
d) ignorieren den nassen Hintern des Babys

8. Wenn Sie Ihre Zehennägel schneiden, tun Sie es

a) im Badezimmer und räumen die Spuren nachher auf
b) im Schlafzimmer und sammeln das Gröbste auf
c) beim Fernsehen im Wohnzimmer, und Sie bemerken nie, was mit den Dingern passiert.

9. Ihr Partner beklagt sich, daß Sie keinen gerechten Anteil der Hausarbeit erledigen. Sie

a) schlagen vor, einen Geschirrspüler zu kaufen oder eine Hausgehilfin anzustellen
b) kommen überein die Haushaltsführung regelmäßig für eine halbe Woche zu übernehmen
c) schlagen vor, daß er/sie Ihnen sagt, was Sie tun sollen und wann Sie es tun sollen,
d) sagen Ihrem Partner, er solle froh sein, daß er Sie hat.

So haben Sie gepunktet

MÄNNER

1. A: 6/B: 0/C: 3
2. A: 6/B: 0/C: 3
3. A: 0/B: 10/C: 5
4. A: 8/B: 2/C: 4/D: 6/E: 0
5. A: 15/B: 0/C: 10/D: 5
6. A: 6/B: 0/C: 3
7. A: 0/B: 9/C: 3/D: 6
8. A: 0/B: 2/C: 4
9. A: 10/B: 0/C: 5/D: 15

FRAUEN

1. A: 6/B: 0/C: 3
2. A: 6/B: 0/C: 3
3. A: 0/B: 10/C: 5
4. A: 8/B: 0/C: 4/D: 6/E: 2
5. A: 15/B: 0/C: 10/D: 5
6. A: 6/B: 0/C: 3
7. A: 3/B: 0/C: 6/D: 9
8. A: 0/B: 2/C: 4
9. A: 15/B: 0/C: 10/D: 5

Ihre Auswertung

MÄNNER

Unter 20
Hören Sie auf zu schwindeln.

20—50
Sie versuchen es ehrlich.

Über 50
Ihr Sexismus ist Ihnen so wenig bewußt, daß Sie jeden nur möglichen Fehler begehen.

FRAUEN

Unter 20
Wir gratulieren — Sie gehören wahrlich der bedrohten Art einer starken Frau an.

20—50
Sie sind sich bewußt, auf welche Art Sie benachteiligt werden. Sie wissen, daß Sie auch ohne Feministinnen im Beruf erfolgreich sein können, aber, um ehrlich zu sein, wissen Sie auch, daß Ihnen Ihr Partner zu Hause viel mehr helfen müßte.

Über 50
Sie sind sich der Frauenbewegung so wenig bewußt, wie Sie nur sein können. Sie glauben leidenschaftlich, daß Männer die Hosen anhaben sollten und Frauen ins Haus gehörten.

Nach: New Internationalist

»Den Männern auf's Maul geschaut«

»Die Vögel gehören in die Luft,
die Fische ins Wasser und die Frauen ins Haus.«
(Japanisches Sprichwort)

»So wie es keinen Esel mit Hörnern gibt,
so wenig gibt es eine Frau mit Hirn.«
(Äthiopisches Sprichwort)

»Die Frau ist wie ein Pony,
das du nach Belieben schlagen oder reiten kannst.«
(Chinesisches Sprichwort)

Fallen Ihnen weitere frauenfeindliche Sprichwörter[2] und Redewendungen ein?
Kennen Sie auch frauenfreundliche Redewendungen?
Welche Eigenschaften greifen diese Sprichwörter auf? Welche werten Frauen ab? Welche Interessen stehen wohl dahinter?

Keine ruhige Minute:
Immer rastlos und fleißig!

Arbeitstag einer Afrikanerin

Vergleichen Sie diesen Arbeitstag einer Afrikanerin mit einem typischen Arbeitstag
– eines Bankangestellten, verheiratet, 2 Kinder
– einer Hausfrau, verheiratet, 3 Kinder (3-6 Jahre)
– einer Lehrerin, geschieden, 2 Kinder.
Informieren Sie sich eventuell bei Verwandten, Bekannten, Nachbarn u.a. über deren Ablauf und die Arbeit eines Tages.

Zeitaufwand von Frauen in der ganzen Welt

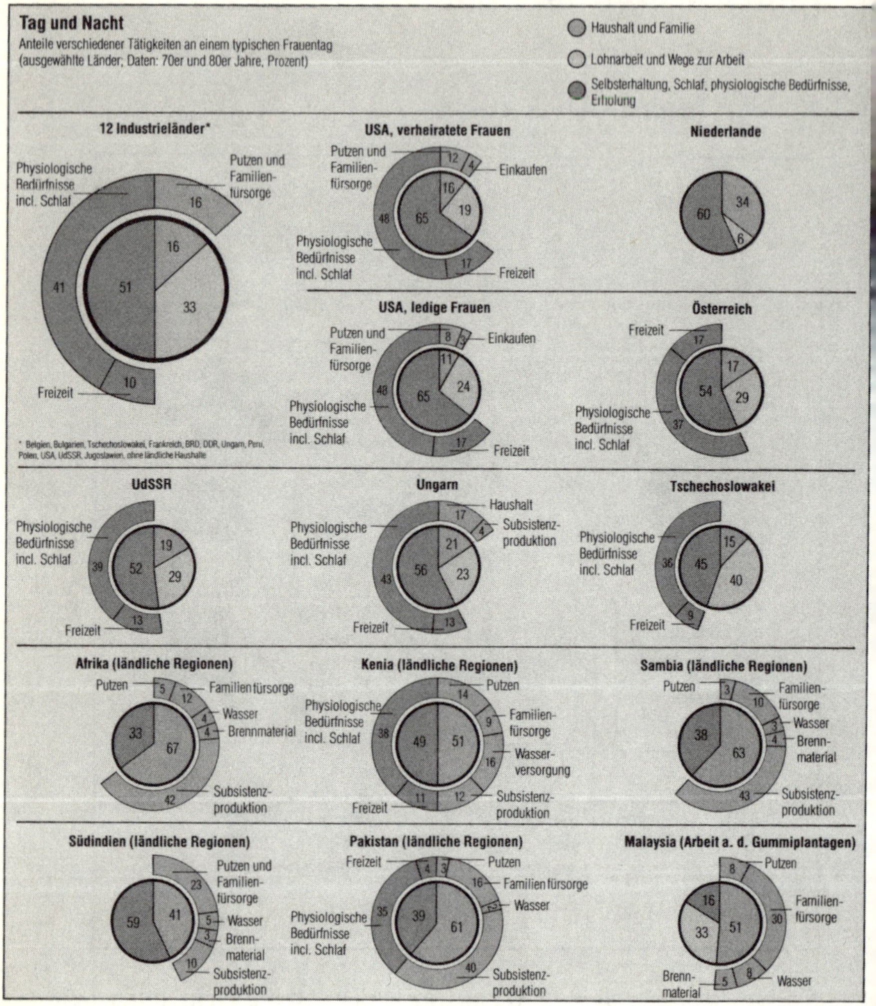

Zeitkuchen

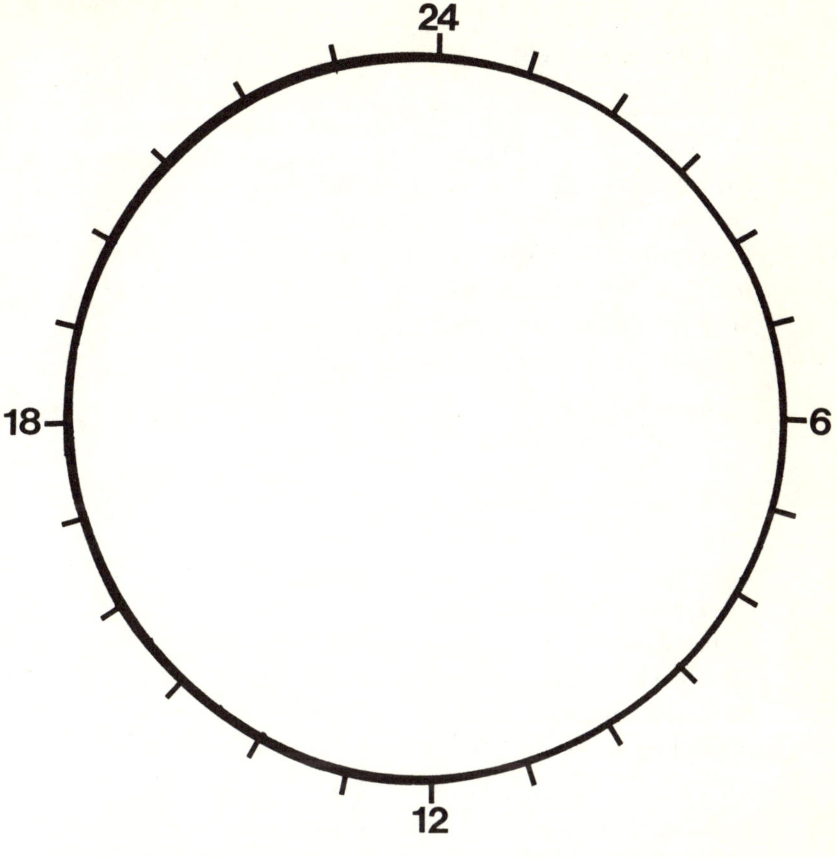

– Tragen Sie in den vorliegenden Kreis die einzelnen Abschnitte Ihres persönlichen Tagesablaufes ein. Stellen Sie anhand Ihres »Zeitkuchens« dar, wofür Sie im Laufe eines typischen Tages wieviel Zeit verwenden.

Vergleichen Sie Ihren mit dem Zeitkuchen der anderen TeilnehmerInnen.
Wer bekommt wieviel von Ihrer Zeit?
Was kann ich nicht verändern? Was möchte ich verändern? Was möchte ich nicht verändern?
Nehmen Sie sich davon für die nächste Woche einen konkreten Schritt zur Veränderung vor.

Lied

No woman, no cry

All deine schönen, großen Brüder
Haben einen feinen Job gekriegt,
Dir hat man gesagt, 'ne Heirat wär solider
Und du hast ganz brav dazu genickt.
Einen prima Mann hast Du bekommen
Jedenfalls hat Vater das gemeint
Schläge hast Du schweigend hingenommen
Heimlich hast du auf dem Klo geweint

No woman, no cry
Weine nicht, aber schrei

Immer ist da irgendetwas gewesen
Immer stand was zwischen dir und dir
Manchmal war es einfach nur der Besen
Oder deines Ehemannes Bier.
Sieben Kinder hast du ihm geboren
Dann hat er sich still und leis verdrückt
Denke bloß nicht, du hättest was verloren
Manchmal denkst du schon, du wirst verrückt

No woman, no cry
Weine nicht, aber schrei

Glaub' mir du brauchst keinen Psychologen
Du brauchst einfach, daß du dich erkennst
Um dich selber hat man dich betrogen
Und es nützt ja nichts, wenn du verbrennst
Laß dir sagen, du bist nicht alleine
Es gibt hundert solcher Frau'n wie dich
Und noch tausend mehr um die ich weine
Schrei ab jetzt, das ist nicht lächerlich

No woman, no cry
Weine nicht, aber schrei

Bettina Wegner[3]

Stets zu Diensten

Zum Einstieg: Muchacha[4]

Muchacha

ich bin die Waschmaschine,
die der Senor nicht kauft,
solange ich billiger wasche
und der Senora Zeit erspare
und ihren Händen die rauhe Haut;

ich bin der Staubsauger,
den die Senora nicht braucht,
bin Autowaschanlage,
bin Kindergarten,
bin Wäscherei,
bin Pflegestation,
bin Einkaufswagen;

ich bin die Emanzipation der Senora,
bin der Knopf,
der alle Wünsche per Druck erfüllt;

ich bin die Hure,
die der Senor nicht bezahlt,
auf Geheiß der Senora wider Willen
zu Willen den Söhnen;

ich bin billiger
und doch:
ich bin und werde sein,
ich werde ich sein!

Erfahrungen

»Wenn die Kleine nicht gut gekocht hatte, warf die Senora mit den Töpfen nach ihr und schrie sie an, sie sei eine dumme Indianerin, ein Bauerntrampel, die noch nicht einmal kochen könnte, sie sei eine Schlampe. Die Senora gab der Kleinen deutlich zu spüren: ›Du hast keinerlei Anspruch auf Geld und Lohn, schließlich bringe ich dir Kochen bei, Putzen, Waschen und Bügeln; alles, was du kannst, hast du bei mir gelernt, und ich weiß gar nicht, warum ich dich auch noch bezahlen sollte, denn alles, was du machst, kannst du durch mich, und das, was du bist, bist du durch mich!‹«[5]

»Ich bin aus den Bergen gekommen, weil sie mich betrogen haben, denn sie haben mir erzählt, Lima sei eine schöne Stadt, man werde mich dort gut bezahlen, es gäbe viele Schulen, in denen es Spaß machen würde, etwas zu lernen. Sie haben mich von der Familie, bei der ich in den Bergen gearbeitet habe, weggeschickt nach Lima.
Jetzt durfte ich das Haus nicht verlassen, und alle waren sehr häßlich zu mir. Ich hatte keine Freundinnen, meine Familie war weit weg. Hier in Lima bin ich nur mies behandelt worden, sie haben mir Diebstähle anhängen wollen ..., sie haben mich immer ... (sie weint) ..., sie haben mich immer gezwungen, für ihre Söhne zu arbeiten, und die haben mich ..., die haben mich vergewaltigt, und ich, ich habe das der Mutter gesagt, und die hat so getan, als ginge sie das alles nichts an. Als ich von diesem Haus weg wollte, haben sie mir vorgeworfen, ich hätte einen Taschenrechner gestohlen, aber ich habe nie etwas gestohlen, und sie brachten mich zur Polizei. Und dort erfuhr ich, daß die Senoras das oft machen, daß sie ihr Dienstmädchen anzeigen, und als ich meine Sachen abholen wollte, weigerte sich die Senora, mir meine Kleider herauszugeben. So war das ... Also die Senoras haben das Geld, und sie bezahlen die Polizei, und sie gewinnen immer, immer, immer!«[6]

– Warum müssen diese Mädchen und jungen Frauen arbeiten? – Welche Vorwürfe können wir aus dem Text herauslesen?
– Welche Möglichkeiten gibt es für die Dienstmädchen, sich zu wehren? Welche Schwierigkeiten bringt das mit sich? Wieso gehen diese jungen Frauen nicht einfach weg?

Sangeeta[7]

Lesen Sie die Bildgeschichte »Sangeeta« durch und versuchen Sie, diese Erfahrungen in einem Rollenspiel nachzuvollziehen. Sprechen Sie anschließend über Ihre Gefühle, Ängste und Gedanken in Ihrer Rolle.

Die häßliche Sprache der Blumen[8]

Die Erzeugung von Blumen ist längst keine Idylle mehr. Eine Verlagerung zu industriellen Produktionsweisen hat längst stattgefunden und damit auch eine Verlagerung zu »billigeren« Arbeitskräften in die Dritte Welt. So verdoppelte sich der Anteil der Länder der Dritten Welt am österreichischen Blumenimport in den letzten fünf Jahren, wobei sich der Anteil Kolumbiens an den Dritte-Welt-Importen ebenfalls verdoppelte.
Elena, eine Blumenarbeiterin in Chía, Kolumbien, schildert ihren Alltag, der nicht selten von 4 Uhr früh bis 9 Uhr abends dauert, Akkordarbeit heißt und den Umgang mit gesundheitsschädlichen Giften bedeutet. Das ist die häßliche Blüte, die unser Muttertagsgeschäft treibt. Im Rahmen des Projektes »Concientizacion« wurde von der Frauensolidarität (Entwicklungspolitische Initiativen für die Frauen in der Dritten Welt, c/o Ulrike Lunacek, Mollardgasse 85/415, 1060 Wien) ein Selbsthilfe- und Beratungszentrum für die Frauen von Chía geschaffen.

Das Auswählen der Pflanzen nach Exportkriterien (Klassifizierung) ist eine Arbeit, bei der man sich die Augen ruiniert. Die Farbe, die man klassifizieren soll, verschwimmt einem vor den Augen. Ich bin bereits kurzsichtig, eben deswegen, weil die Farbe der Nelke, das Rot oder das Weiß, einem vor den Augen verschwimmt.
Der Kopf brummt, und dann beginnt man zu sehen, wie sich alles dreht, in verschiedenen Farben.
Tausend Pflanzen pro Stunde! Stellen Sie sich vor, welche Geschwindigkeit man braucht, um genau zu sehen, welche der vorüberziehenden Nelken krank sind oder eine schlechte Farbqualität haben; im Vergrößerungsspiegel sieht man sie näher kommen, und man braucht Augen wie Lupen, um alle schlechten Stellen der Pflanze zu entdecken.
Nach vier Stunden Arbeit beginnen einem die Augen zu tränen, von der Farbe und dem Pollenstaub der Blumen, der einen auch oft niesen läßt.
Man muß auf den Stengel schauen und auf die Blätter, und auch auf den Kelch mit den Blütenblättern. Wenn auf einer Blume eine Spinne

sitzt, und es ist eine schöne Blume, dann muß man die Spinne mit einem Tuch entfernen. Und es muß schnell gehen. Denn schon kommt die nächste…

Wenn man die tausend Pflanzen pro Stunde nicht schafft, bekommt man wegen schlechter Leistung einen Vermerk auf seinem Datenblatt, und dann kann man bestraft werden oder gekündigt, je nach dem, wie viele solcher Vermerke man bereits gesammelt hat.

Man muß Sträuße zu 20 oder 25 Nelken machen und tausend ist das Minimum, im Durchschnitt sind es aber 1.300 bis 1.400. Manchmal haßt man die Farben richtig, und manchmal wünscht man sich, zum Anbau versetzt zu werden, denn dort kann man wenigstens hinausgehen und sich von den Blumen erholen. Beim Klassifizieren darf man höchstens 3 Minuten hinausgehen.

Die Arbeit beginnt um 6 Uhr morgens. Bis 8 Uhr arbeitet man im Anbau, um 8 Uhr beginnt das Klassifizieren, und es kann bis zu acht Stunden dauern, aber wenn es zu viele Blumen gibt und man nicht fertig wird, darf man nicht heimgehen, man muß bis zum Schluß arbeiten. Es kann bis 8 Uhr abends dauern. Bevor man nicht fertig ist, darf man nicht nach Hause gehen. Ich habe schon bis zu zehn Stunden im selben Raum beim Klassifizieren gearbeitet.

Wenn man schwanger ist, ist diese Arbeit schrecklich, denn es ist einem übel von der Schwangerschaft, und vom Klassifizieren noch mehr. Man ist sehr müde und man versucht, die Müdigkeit zu überwinden, aber sie kommt immer wieder, und man denkt, »Ach wenn ich nur ein Weilchen auf dem Tisch hier schlafen könnte.«

Als ich mit meiner Tochter schwanger war, läuteten sie zum Essen und ich aß und ich erbrach alles wieder, bei so vielen Gerüchen und Farben…

Wenn man schwanger ist, ist die Verzweiflung noch größer.

Man möchte sich setzen, aufstehen, hinausgehen, ein Weilchen schlafen, man spürt so viele Dinge, das Kind in seinem Bauch beginnt zu entstehen, und man wünscht sich, daß es nicht unter solchen Umständen wäre.

Welche Gedanken und Gefühle beschäftigen Sie nach dem Lesen dieses Textes?
Welche Konsequenzen können Sie für sich daraus ziehen?

»Wo das Lächeln stirbt«

Der Prostitutionstourismus und seine Folgen[9]

Zahlen! Die genaue Zahl der Prostituierten in Thailand läßt sich gar nicht feststellen. Prostituierte sind nicht registriert, denn Prostitution ist illegal, auch wenn sie andererseits zur Ankurbelung des Tourismusgeschäftes indirekt vom Staat gefördert wird. (...) Aber was können Zahlen schon erzählen über die unmenschliche Entwürdigung, die kulturelle Entfremdung, die physischen und psychischen Verwüstungen, die Frauen und Kinder in der Prostitution erleiden?
Am schlimmsten ist die Kinderprostitution. Während die Familien im Norden und Nordosten Thailands zusehen müssen, der äußersten Verarmung zu entgehen, steigt in den Industrie- und Dienstleistungszentren des Landes der Bedarf an billigen Arbeitskräften. So überlassen die Eltern schweren Herzens ihre Kinder, vor allem ihre Töchter, Mittelsmännern und -frauen von Agenturen aus Bangkok gegen das Versprechen von Ausbildung und Arbeit. Sie erhalten dafür die Voraus- oder Teilzahlung eines Jahreslohnes. (...) Oft genug werden sie dabei bezüglich des Aufenthaltsortes und der wahren Arbeitsbedingungen der Kinder im unklaren gelassen oder bewußt und absichtlich irregeführt. So können Agenten und »Arbeitgeber« Restzahlungen an die Eltern umgehen und über die Kinder uneingeschränkt und unbegrenzt verfügen.

Haben Sie eine Tocher…?[10]

Lesen Sie die Texte in Ruhe durch und merken Sie die Punkte an, die Sie besonders betroffen machen.

Sommer, Sonne, Sand …

- Ca. 5 Mio. ausländische Touristen besuchten 1989 Thailand.
- Ca. 150.000 davon waren Deutsche.
- 70% der Touristen sind alleinreisende Männer.

… und mehr …

- Ca. 60% aller Touristen kommen nach vorliegenden Untersuchungen mit sexuellen Interessen nach Thailand.
- 80% der männlichen Touristen reisen ausschließlich oder teilweise wegen des Nachtlebens nach Thailand.
- Die Männer kommen aus allen Schichten, Berufsgruppen und Altersstufen.

… laden Sie ein!

- Ca. zwischen 500.000 und 1.000.000 Prostituierte stehen ihnen in Thailand zur Verfügung, d. h.
- ca. 15% der weiblichen Bevölkerung Thailands zwischen 15 und 30 Jahren verdienen ihr Geld ganz oder teilweise durch Prostitution.

Thailand heißt Land der Freien

- 30.000 Mädchen unter 15 Jahren arbeiten allein in Bangkok in der Prostitution.
- Die Kinderprostitution steigt erheblich, seit die Angst vor AIDS unter den Touristen umgeht.

Haben Sie eine Tochter?

»Prostitution (lat.): Dienstleistung, die das Anbieten des eigenen Körpers zur Befriedigung sexueller Bedürfnisse anderer gegen Entgelt zum Inhalt hat.«[11]

Die zweite Seite der Medaille

- Ca. 50% der Prostituierten in Berlin und Frankfurt sind Ausländerinnen.
- Allein in Berlin halten sich etwa 2000 aus Thailand „importierte" Liebesdienerinnen auf.
- Das Geschäft mit ausländischen Prostituierten ist Modediktaten unterworfen.
- Z. Zt. arbeiten zwischen 3000 und 5000 Thailänderinnen in deutschen Bars, Bordellen und Sexclubs.
- Viele Frauen werden unter falschen Versprechungen nach Deutschland gelockt und zur Prostitution gezwungen.
- Prostitution von Ausländerinnen verstößt nach § 10 Abs. 1 Nr. 8 AuslG gegen die öffentlichen Interessen der Bundesrepublik.
- Ausländische Prostituierte geraten daher immer in die Illegalität.
- Illegalität führt zur Abhängigkeit von Schleppern, Zuhältern, Bar/Bordellbesitzern und (Schein-)Ehegatten.
- Die Abhängigkeit nimmt nicht selten Formen der Leibeigenschaft an, körperliche und seelische Gewalt inbegriffen.
- Der Gesundheitszustand der meisten Thai-Frauen ist katastrophal, der psychische Zustand gezeichnet durch Einsamkeit, Schamgefühle und Depressionen.
- Den Profit machen deutsche Zuhälter, Bar/Bordellbesitzer und Scheinehegatten.

Ein ganz normales Geschäft?

- Ca. 60 Heiratsvermittlungsagenturen vermittelten in den letzten 5 Jahren 12.000 Asiatinnen an deutsche Ehemänner.
- Der Bedarf steigt.
- Mehr als 300 Anzeigen erscheinen monatlich in deutschen Zeitungen und Illustrierten.
- Die meisten Frauen wissen nichts über die üblichen Bedingungen des Heiratshandels.
- Der Handel bedient sich der üblichen Marktmethoden wie aggressiver Werbung, Probezeit und Umtauschgarantie.
- Die Handelsware sind Frauen.

Deutsches Grundgesetz § 1:
Die Würde des Menschen
ist unantastbar!

Wer ist eigentlich verantwortlich für die Ausbeutung von Frauen? Wer sind die Nutznießer der Prostitution? »Ist es nicht längst überfällig, bei der theoretischen und praktischen Bewältigung des Problems der Prostitution primär vom Verhalten der Männer auszugehen?«[12]

Vergleichen Sie die Informationen mit folgenden Thesen[13] und diskutieren Sie die dargelegten Meinungen.

Massenprostitution im Spannungsfeld von Politik und Moral

Thesen

Keine andere Chance!

1. Die Vereinnahmung von thailändischen Frauen und Kindern durch Sextouristen und Heiratshändler ist nur möglich, weil die Armut Hunderttausenden im Land keine wirkliche Alternative läßt.

Weltweite Mitverantwortung

2. Mitverantwortung für die Massenprostitution in Thailand und andernorts ergibt sich durch unsere Verflechtung und Mitwirkung an einem Weltmarktsystem internationaler Arbeitsteilung, das die einen reicher, die anderen ärmer macht. Prostitutionstourismus und Frauenhandel sind nur spezielle Ausdrucksformen eines ausbeuterischen Verhältnisses zwischen den reichen Industrieländern und der einheimischen Ober- und Mittelschicht einerseits und den Armen in der „Dritten Welt" andererseits.

Gegensätzliche Interessen

3. Die Armen, denen es ums Überleben geht, und die Vertreter nationaler und internationaler Verbraucher- und Kapitalinteressen verfolgen gegensätzliche Interessen: Während die einen den status quo ihrer existenziellen Abhängigkeit überwinden wollen, wollen die anderen ihn gerade eher erhalten.

Keine einfache Lösung

4. Man hat es zugelassen, daß sich der Sextourismus zu einer gewaltigen Industrie aufblähte, in der all jene sozial Benachteiligten ein Auskommen finden, für die man es versäumte, anderweitig Arbeitsplätze zu schaffen. Es wäre nicht weniger unmoralisch, heute Hunderttausenden jene Existenz zu entziehen, die die Unmoral für sie bedeutet, es sei denn, man wüßte, wie ihr Leben anderweitig zu sichern wäre.

Almosen genügen nicht

5. Die Abschaffung des Prostitutionstourismus und Frauenhandels setzt letztlich eine gründliche Änderung der weltwirtschaftlichen Strukturen zugunsten der „Dritten Welt" voraus. Mit notlindernden Hilfsmaßnahmen, so wichtig sie sind, ist es nicht getan.

Frauen helfen sich selbst

6. Ausdauer und Widerstandskraft, Initiative und Courage gerade vieler ausgebeuteter Frauen zeigen, wer das eigentliche Subjekt der notwendigen Veränderungen nur sein kann. Die Frauen widerstehen ihrer Ausbeutung wie sie nur können und warten nicht auf Hilfe von außen. Sie verbessern individuell ihre materielle Lebenslage, aber die darin aufscheinende Lebenskraft zeigt, daß sie in der Lage sind, auch an der Umgestaltung der gesellschaftlichen Verhältnisse in ihrem Sinn zu arbeiten. Alle Hilfe von außen kann nur das Ziel haben, sie genau darin zu unterstützen.

Anregungen zur Auseinandersetzung mit dem Thema

Suchen Sie möglichst viele (aus Zeitschriften, Anzeigen, Werbematerial, Reiseprospekten, Informationsheften ...) Unterlagen zur sexuellen Ausbeutung von Frauen bei uns und in anderen Ländern. Gestalten Sie daraus gemeinsam eine Collage.
Stellen Sie die Collagen in Ihrer Umgebung aus und informieren Sie andere Menschen über diese Probleme. Eventuell können Sie dafür auch ein Flugblatt zur Information erstellen.

Plakatwand
(siehe nebenstehende Seite)

Rollenspiel
Ein guter Freund erzählt Ihnen von seinem Plan, allein eine Reise nach Bangkok zu unternehmen. In schlüpfrigen Andeutungen erzählt er Ihnen von seiner Erwartung, »heiße Nächte« dort zu erleben. Wie reagieren Sie, was sagen Sie zu ihm, welche Argumente verwenden Sie...?

Stellen Sie diese Szene in einem Rollenspiel dar und versuchen Sie, verschiedene Reaktionsmöglichkeiten durchzuspielen.

Anregungen für einen meditativen Abschluß

»Gott, erbarme dich unserer Zeit«
(vgl. S. 76)

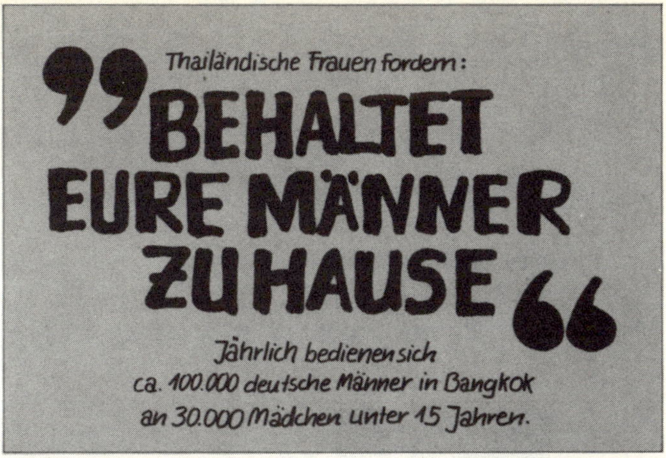

Anregungen für die Gestaltung der Plakatwände.

Liedruf

Herr erbarme Dich unserer Zeit

Text und Melodie: P. Janssens

aus: Entfesselt das Wort, 1968

Noten aus: Liederbuch für junge Leute, „Halleluja", Bistum Essen, Okt. 1978

Gott ~~Herr~~ er-barme Dich, erbarm Dich unser, er-bar-me Dich un-serer Zeit.
Christ er-barme Dich, erbarm Dich unser, er-bar-me Dich un-serer Zeit.
Gott ~~Herr~~ er-barme Dich, erbarm Dich unser, er-bar-me Dich un-serer Zeit.

1. SprecherIn Schwestern und Brüder, laßt uns beim Namen nennen – alles, was unsere Geschwisterlichkeit untergräbt: Unser Schweigen zur Ausbeutung der Menschen durch Menschen.

2. SprecherIn Pasuk und ihre Freundinnen sind „bonded girls" – also sog. „abhängige Mädchen" –, die von Agenten ihrer Familien abgekauft werden. Die Kaufsumme müssen sie in Bordellen abarbeiten, ohne selbst bezahlt zu werden.

Liedruf

1. SprecherIn Schwestern und Brüder, laßt uns beim Namen nennen – alles, was unsere Geschwisterlichkeit untergräbt:
Unsere Duldsamkeit gegenüber sozialer Unterdrückung aller Art.

2. SprecherIn Zuhälter, Agenten und Geschäftsbesitzer werden durch Politiker und Polizisten geschützt. Diesen Schutz lassen sie sich teuer bezahlen, denn Prostitution ist in Thailand verboten.

Liedruf

1. SprecherIn Schwestern und Brüder, laßt uns beim Namen nennen – alles, was unsere Geschwisterlichkeit untergräbt:
Unser Nicht-Aufbegehren gegen die Diskriminierung von Rassen-, Kasten-, Klassen- und Glaubenshaltungen.

2. SprecherIn Täglich fliegen Europäer, Amerikaner und Japaner in Scharen nach Thailand, um nichts anderes zu tun, als sich für wenig Geld Frauen und immer häufiger auch Mädchen wie Pasuk zu kaufen.

Liedruf

»Verpflichtung und Segen«[14]

Gottes Reich kann nur dann in unserer Welt erfahrbar werden, wenn wir unser Leben verändern. Eine geschwisterliche und solidarische Gemeinschaft erfordert Konkretisierung.

* Gott, wir wollen Gerechtigkeit einklagen für ausgebeutete und rechtlose Frauen in Thailand und bei uns.

* Gott, wir wollen solidarisch sein mit Frauen, ihre Ideen unterstützen, ihre Meinungen und Lebensweisen überall auf der Welt hören.

* Gott, wir wollen Frauen unterstützen, die sich zusammentun, sich gegenseitig helfen und gegen Ungerechtigkeit und Unterdrückung protestieren.

Gott Mutter, Gott Vater, segne uns, gib uns die Kraft, die auch in den Schwachen mächtig ist.

Zur Arbeit mit diesem Kapitel

Die Themen dieses Kapitels sind aufgrund des Leides, das erzählt wird, besonders belastend. Das Hinsehen auf all diese Probleme provoziert manchmal Angst, Abwehr und Schuldgefühle. Dies ist notwendig, da Betroffenheit sicher ein erster Schritt sein kann, darf aber nicht zu sehr verstärkt werden. Bei zu starken Gefühlen blokkieren viele Menschen und lassen sich nicht mehr auf die Themen ein.

Sexuelle Ausbeutung von Frauen ist oft ein tabuisiertes Thema; hier kann es hilfreich sein, mit einem biblischen Text zu diesem Problem einzusteigen (vgl. z.B. Gen 34: Dina, eine Tochter des Jakob; oder 2 Sam 13,1-22: Die Geschichte von Tamar, einer Tochter des Königs David; vgl. auch die Geschichte von Judit in Kapitel 6 dieses Buches »Was wäre Mose ohne Frauen?«, S. 173ff.).

Die starke Betroffenheit über die Situation der Frauen in der sogenannten Dritten Welt ruft viele Gefühle – wie Trauer, Wut und vielleicht auch Ohnmacht – hervor. Damit diese Emotionen zugelassen werden können, muß sich die Gruppe kennen und bereits persönliche Beziehungen untereinander aufgebaut haben.

Eine Gefahr besteht darin, daß die Auseinandersetzung bei der Betroffenheit stehenbleibt und dadurch das Gefühl der Ohnmacht überhand nimmt. Die Bewußtmachung dieser Probleme muß einhergehen mit Möglichkeiten, sich einzusetzen und konkret zu handeln. Durch eine konkrete Partnerschaft bzw. ein Projekt in der Gemeinde/ Schule kann die »weite Welt« lebendig werden. Solche Initiativen erfordern Zeit und Phantasie, sie sollten von kleineren Gruppen getragen werden. Zugleich kann man immer wieder erleben, wie stark Gruppen im gemeinsamen Handeln zusammenfinden.

Auch die Wut und Aggression darüber, was Menschen anderen antun, muß Raum bekommen. Dabei darf die Verantwortung nicht abgeschoben werden, die wir in der sogenannten Ersten Welt gegenüber den Menschen anderswo haben. Außerdem ist es immer auch ein Konflikt zwischen Männern und Frauen, wie die Besitz-

und Machtverhältnisse deutlich zeigen. Doch wiederum soll die Auseinandersetzung nicht bei den Gefühlen enden, sondern es müssen Ideen zur Solidarisierung gesammelt und einzelne konkret umgesetzt werden. Es ist von Bedeutung aufzuzeigen, wie sehr unser wirtschaftliches Verhalten hier in Europa Auswirkungen auf die Armut und Ausbeutung in der sogenannten Dritten Welt hat. Frauen und Männer können auf die Möglichkeiten aufmerksam werden, bewußt einzukaufen und auf bestimmte Produkte (z.B. südafrikanische Früchte) zu verzichten.
In kirchlichen Kreisen scheint ein Hereinnehmen der wirtschaftlichen und politischen Situation in das Glaubensverständnis nicht immer selbstverständlich zu sein. Die Trennung der Lebensbereiche ist eine überholte und zu überwindende Ansicht; dies jedoch birgt viel Diskussionsstoff in sich. Manchmal ist eine Diskussion im größeren Umfang in der Gemeinde oder in der Schule notwendig, um das Problem allen deutlich zu machen.

3. Apartheid am Altar – wie lange noch?

Frauen in der Kirche

Die Frage nach dem Priestertum der Frau gilt landläufig für ein spezifisch katholisches Problem. Bei genauerem Hinsehen wird aber deutlich, daß auch im evangelischen Bereich nach wie vor Arbeit und Macht in der Kirche über weite Strecken geschlechtsspezifisch verteilt sind. Vor diesem Hintergrund ist eine Auseinandersetzung mit diesem Thema für beide Konfessionen relevant.

Ein Blick auf Mutter Kirche: Mütter sehen anders aus

Mutter Kirche[1]

Ich schließe die Augen
und sehe:

Patriarchen
Kirchenväter
Kirchenmänner
Kirchenlehrer
dicke Mauern
große Dome

Etwas stimmt nicht
Mütter sehen anders aus.

»Frauen dominieren in der Kirche überall dort, wo sie nichts zu sagen, nichts mitzubestimmen, nichts zu entscheiden haben ... Nur wo Macht ausgeübt wird, da fehlen sie ... Die Herren denken, die Damen beten.«[2]

Was stimmt Ihrer Meinung nach in der Kirche? Was ist nicht in Ordnung? Listen Sie die einzelnen Elemente auf und wählen Sie zu viert die drei positivsten und die drei negativsten aus!

Zur Zeit Jesu und der frühen Kirche (bei Paulus) versuchten Frauen und Männer, im gemeinsamen Alltag gleichberechtigt zu leben. Das Gelingen dieses Miteinander war abhängig von den jeweiligen Gemeindemitgliedern. Auch in der späteren Zeit gestalteten sich die Möglichkeiten der Einflußnahme in der Kirche unterschiedlich: Während einerseits Frauen sehr stark aus allen Machtbereichen zurückgedrängt wurden, gab es andererseits weiterhin selbständige und einflußreiche Frauen. Als ein Beispiel aus dem kirchlichen Bereich sei auf die folgende Darstellung verwiesen:

Versuchen Sie, Ihre Erfahrungen mit der Kirche in einem Bild darzustellen. Nehmen Sie verschiedene Situationen und Aufgabenbereiche in Ihren Blick und drücken Sie Ihre Eindrücke und Gefühle mit Farben und Formen aus.
Zeichnen Sie anschließend ein Bild jener Kirche, die Sie sich wünschen und erhoffen.
Zeigen Sie sich gegenseitig Ihre Bilder und erzählen Sie von Ihren Erfahrungen und Träumen.

Was sehen Sie auf diesem Cartoon?
Was könnte der Karikaturist damit ausdrücken wollen?
Trifft dieser Cartoon die Situation der Frau in der Kirche?
In welchen Punkten stimmt er, inwieweit nicht?

Manche Männer tun sich schwer mit der Vorstellung eines gleichberechtigten Umgangs von Frauen und Männern in der Kirche:

W.Hanel, Adams Alptraum

Welche Gründe stehen Ihrer Meinung nach hinter den Abwehrreaktionen von Männern gegenüber der Gleichberechtigung von Frauen? Nennen Sie möglichst viele solcher Gründe und diskutieren Sie diese.

Während das Sprichwort sagt: »Eine Schwalbe macht noch keinen Sommer«, sind manche davon überzeugt, daß durch *eine* Frau bereits die Gleichberechtigung hergestellt ist ...:

Zeichnung: Schwoeppes

Was will der Karikaturist mit diesem Cartoon ausdrücken?
– Versuchen Sie zu zweit, einen Mißstand in der Kirche mit Hilfe eines selbstgezeichneten Cartoons darzustellen.

Jungfrau und Mutter: Die Quadratur des Kreises

Amtskirchliche Rollenzuweisungen für Frauen

Der Spielraum ist denkbar klein:

- Putzend, auf Knien schrubbend, vorbereitend und Männern zuarbeitend, unsichtbar hinter den Kulissen, schweigend, demütig und gehorsam ... – so sollen christliche Frauen sein!
- Gebärend, nährend und aufopfernd, schützend, bergend und voll von Liebe ... – so sollen christliche Frauen sein!
- Auch Papst Paul VI. und Johannes Paul II. bestätigen dies. – So sollen christliche Frauen sein:

»Rollen, die Gottes Plan der christlichen Frau zugedacht hat: als liebe Tochter, als reine und starke Jungfrau, als liebevolle Braut, vor allem als Mutter, die in Ehre und voller Würde zu halten ist, und schließlich als Witwe, fromm, im Leid geprüft und unermüdlich.«
Paul VI. (17.8.1975)

»Jungfräulichkeit und Mutterschaft ... zwei besondere Dimensionen bei der Verwirklichung der Persönlichkeit einer Frau, erlangen im Licht des Evangeliums in Maria, die als Jungfrau Mutter des Gottessohnes geworden ist, die Fülle ihrer Bedeutung und ihres Wertes ... Die Mutterschaft steht im Zusammenhang mit der personalen Struktur des Frauseins und mit der personalen Dimension der Hingabe.«
Johannes Paul II. (Apostolisches Schreiben »Mulieris Dignitatem« vom 30.9.1988)

Was geht Ihnen beim Ansehen der Karikatur durch den Kopf?

In welchen konkreten Bereichen sind Frauen in Ihrer Gemeinde, Schule, Landeskirche und Diözese tätig? Nennen Sie diese Frauen soweit möglich – mit Namen und Funktionsbezeichnung. Ordnen Sie diese in kirchliche Strukturen anhand einer Skizze ein.
Welche Möglichkeiten und Funktionen werden Frauen verweigert?
Welche Aufgabenbereiche möchten Sie in der Kirche ausüben?
Sammeln und erstellen Sie gemeinsam eine Liste all jener Tätigkeiten, die Frauen Ihrer Meinung nach in den genannten Bereichen ausüben könnten. Achten Sie bewußt nicht darauf, ob diese Tätigkeiten derzeit für Frauen in der Kirche erlaubt sind.

Anregung: Frauenstatistik[3]

Statistiken über Menschen wirken oft sehr sachlich und neutral. Entscheidend aber ist, welche Daten gesammelt und wie sie ausgewertet werden. Die meisten Statistiken werden von Institutionen in Auftrag gegeben, in denen Männer das Sagen haben. Es ist deshalb nicht verwunderlich, daß in vielen Statistiken wichtige Daten über Frauen fehlen oder Frauen überhaupt nicht vorkommen. Aber auch über Männer werden bestimmte Informationen seltener erhoben – z.B. über Männer als Väter.
Statistiken sind deshalb häufig viel stärker von der Sichtweise derjenigen beeinflußt, die sie aufstellen, als sie nach außen hin erscheinen.

Vorschlag

Durchforstet den Gremien- und Gruppen-Dschungel Eurer Pfarrei!

Welche Gruppen und Gremien gibt es in Eurer Pfarrei? (Kirchenvorstand, Pfarrgemeinderat, Sachausschüsse, Verbandsgruppen, etc.)? Wie viele Frauen, wie viele Männer sitzen in einzelnen Gruppen/Gremien?
Werden diese Gremien jeweils von einem Mann oder von einer Frau geleitet?
Wie hoch ist der Anteil von Frauen in Entscheidungsgremien (Kirchenvorstand, Pfarrgemeinderat ...)?
Wie hoch ist ihr Anteil im (religions-)pädagogischen und sozialen Bereich (Gruppen zur Sakramentenvorbereitung, Jugendgruppen ...)? – Welche Arbeit wird in Eurer Pfarrei (Gottesdienstvorbereitung, LektorInnen, MeßdienerInnendienst, Vorbereitung und Durchführung von Pfarrfesten) von Männern, welche von Frauen geleistet?
Veröffentlicht die Ergebnisse Eurer Untersuchung im Schaukasten, dem Mitteilungsblatt Eurer Pfarrei oder in Eurer Verbandszeitschrift.

Männerlogik auf Abwegen –

oder: Wieso können Frauen nicht Priesterinnen werden?

Verwirrung am Gründonnerstag[4]

Beim Gründonnerstag
stelle ich fest
welch fortschrittlichen Schritt
Mutter Kirche
gewagt hat:
zwei Brüder Bischöfe
zwölf Brüder Priester
circa zwanzig Brüder Meßdiener
zwölf Brüder Scholasänger
bewegen sich im Altarraum
als an zwölf alten Männern
der brüderliche Akt der Fußwaschung
vollzogen wird

obwohl …
so fortschrittlich ist das gar nicht
eigentlich ist es so wie
damals
denn schließlich
hat der Mann Jesus ja auch zwölf Männern die Füße gewaschen
– wie mir mein kleiner Bruder kenntnisreich
erklärt
das leuchtet mir ein
nur …
wie ist das dann mit der Eucharistie?
Das Abendmahl feierte Jesus
doch mit denselben zwölf Männern

jetzt verstehe ich überhaupt nichts mehr
aber
wahrscheinlich
ja
ziemlich sicher
ist die Tatsache
daß wir Mädchen und Frauen
kommunizieren dürfen
der große Fortschritt
den ich vorhin gemeint habe
ja
wahrscheinlich

Wenn Priester Männer sein müssen, weil Jesus ein Mann war, dann müssen sie logischerweise auch Juden und Zimmermänner sein.
Wenn Priester Männer sein müssen, weil Jesus Männer zu Aposteln berufen hat, dann müssen sie logischerweise auch Juden und Fischer sein.
Oder doch nicht?

»Die römische Kongregation für die Glaubenslehre hat 1976 die Argumente gegen die Zulassung von Frauen zur Priesterweihe ausführlich dargelegt. Sie seien hier zusammen mit den Aussagen des Papstes in seinem jüngsten Apostolischen Schreiben [über die »Würde und Berufung der Frau« (30.9.1988)] kurz wiedergegeben:

– In der zweitausendjährigen Geschichte der Kirche hat es die Priesterweihe der Frau nie gegeben [bzw. haben wir keine Informationen darüber].

– Christus hat nur Männer in den Zwölferkreis berufen, keine Frauen.
– Der Priester handelt nicht in eigener Person, sondern an Christi Stelle. Weil Jesus ein Mann ist, kann er auch nur durch einen Mann vertreten werden.
– Summa: ›Die Kirche hält sich aus Treue zum Vorbild ihres Herrn nicht dazu berechtigt, die Frauen zur Priesterweihe zuzulassen‹.

Die katholische Kirche hat es in ihrer ganzen Tradition abgelehnt, Frauen zum Priesteramt zuzulassen, freilich nicht durch eine ›letztverbindliche dogmatische Entscheidung‹ (…), sondern durch andere Formen der Lehre und durch das Kirchenrecht.«[5]

Welche dieser Gründe scheinen Ihnen einsichtig, welche nicht? Was spricht für Sie *für*, was *gegen* die Zulassung von Frauen zum Priesteramt?
Diskutieren Sie diese Fragen in Form eines Streitgespräches; nehmen Sie einen klaren Standpunkt für oder gegen die Zulassung von Frauen ein. Mögliche Rollen sind: Bischof, konservativer Priester, Jugendseelsorger, Pfarrhaushälterin bzw. Frau eines Pastors, Feministische Theologin, Mutter (evtl. eines Priesters), Gemeindemitglied, evangelische Pfarrerin, ReligionslehrerIn…
Ein Schreiber/eine Schreiberin soll die wichtigsten Argumente der Diskussion auf einem Plakat festhalten.

»›Jede Form von Diskriminierung in den gesellschaftlichen und kulturellen Grundrechten der Person, sei es wegen des Geschlechts oder der Rasse, muß überwunden und beseitigt werden, da sie dem Plan Gottes widerspricht.‹
Wo verbietet dieser Plan Gottes der Frau den sakralen Dienst? Der Einwand, daß Jesus die Frau vom sakralen Dienst ausschließe, weil er nie darüber gesprochen habe, ist günstigenfalls ein logischer Selbstfaller. Billigte Jesus etwa die Sklaverei, weil er nie davon gesprochen hat? Die Geduld für die Nachsicht, daß Gottes Mühlen im Vatikan langsam mahlen, wird arg strapaziert durch die Einsicht, daß es um die Macht geht.«[6]

Nehmen Sie zu dieser Position Stellung und begründen Sie Ihre Meinung.

Nicht mehr mit uns ... der Widerstand wächst!

Wege[7]

Männer gehen meilenweit
für eine Zigarette:
Verlangen Frauen zuviel
wenn wir uns wünschen
daß sie einen Schritt tun
mit uns?

Frauen geben nicht auf. Sie fordern ein Umdenken von Männern und Frauen, von Priestern und Laien. Sie drängen nach Gerechtigkeit:

»Wir kommen in der Frauenfrage nicht weiter ohne solche Visionen. Wir finden nicht zu den Lebensformen einer neuen Welt, wie sie Gottes ursprünglichem Plan entspricht, ohne daß die Frauen darin den Platz finden, der ihrer Berufung entspricht. Was ihnen angemessen ist, bestimmen nicht die gesellschaftlichen Konventionen, das bestimmt die Maß-Gabe des Geistes, der das Angesicht der Erde erneuern will. Wir sollten uns bemühen, vor Ort Schritt für Schritt daran zu arbeiten.

* Frauen begegnen Vorurteilen und Mißtrauen – nicht zuletzt auch von Frauen. Sie werden oft nicht anerkannt, einfach weil sie Frauen sind. Häufig wird ihnen selbständiges, verantwortliches Arbeiten nicht zugetraut, so daß ihnen leitende Aufgaben kaum übertragen werden.
– Wie können Vorurteile und Mißtrauen abgebaut werden?
– Wie müßten sich Frauen und Männer verhalten, damit selbständiges, verantwortliches Handeln für Frauen gefördert wird?

* Zwar haben Frauen in der Kirche bereits zahlreiche Aufgaben übernommen, aber ihre Tätigkeit wird nicht selten geringer bewertet und eingeschätzt als die der Männer.

– Sind diese Tendenzen in der hiesigen Pfarrei oder im Bistum festzustellen? Wie kommt es dazu?
– Sehen die Frauen selbst ihre Arbeit ernst genommen?«[8]

Konkrete Forderungen sind nicht nur die Sache einzelner radikaler Frauen, sondern gemeinsames Anliegen vieler:

»* *Frauen als Seelsorgerinnen und Theologinnen annehmen*
Theologie bedeutet von Gott reden. Jesus hat Frauen ermutigt, aus ihren persönlichen, unterschiedlichen Lebenssituationen und aus ihren Erfahrungen von Gott zu reden. Theologie ist deshalb auch Frauensache. Feministische Theologie will dieses Reden von Gott vom Standpunkt der Frauen aus entwickeln. Damit Frauen aus ihrer persönlichen Sicht her von Gott reden können, sollen sie
– in den theologisch-wissenschaftlichen Disziplinen, bei Anstellungen und in ihren Aufgaben gleichberechtigt behandelt
– und als Seelsorgerinnen und Theologinnen angenommen und nicht nur geduldet werden.

* *Die Frage nach Diakonat und Priesterweihe der Frau nicht tabuisieren*
Die Frage nach dem kirchlichen Amt von Frauen ist nicht ein Problem von wenigen Frauen. Diese Frage betrifft das Selbstverständnis der Kirche und ist entscheidend für den zukünftigen Weg der Kirche und der Frauen in ihr.
– Die Dienste der Kirche dürfen in all ihrer Vielfalt nicht nur Männern vorbehalten bleiben. In der Bibel wird von den ersten christlichen Gemeinden bezeugt, daß Frauen als Diakoninnen und Apostelinnen wirkten.
– Die Frage nach dem (Weihe-)Amt der Frau bedarf weiterer ernsthafter Auseinandersetzungen.
– Das Reden und Denken über die Frage des (Weihe-)Amtes der Frau in der Kirche darf zu keiner verbotenen Sache gemacht werden.

* *Öffentliche und ungewohnte Aufgaben übernehmen*
Die Gleichwertigkeit von Mann und Frau in der Kirche kann nur dann glaubwürdig gelebt werden, wenn Frauen nicht wie bisher Entscheidungsfunktionen vorenthalten werden.

– Frauen wollen und sollen in der Kirche haupt- und ehrenamtlich mehr Verantwortung tragen.
– Das Engagement von Frauen darf nicht auf sozial-caritativen Bereich eingeengt werden.«[9]

Mit welcher dieser Forderungen stimmen Sie überein?
Wie setzen Sie sich für deren Durchsetzung in Ihrer Gemeinde ein?

Nicht nur Ziele, auch Träume und Visionen sind lebensnotwendig, denn »Ein Volk ohne Vision geht zugrunde« (Spr 29,18; Übersetzung nach Dorothee Sölle). Der folgende »Traum« ist als Epilog mit durchaus tieferer Bedeutung gedacht.

Der Streik der Madonnen[10]
Oder: Die Legende von der Erdenfahrt Mariens

Als neulich aus Rom ein Gesetz erging, daß fortan die Mädchen nicht mehr an den Altären dienen dürften, und die Madonnen in allen katholischen Kirchen der ganzen Welt dies gewahr wurden, da wollten sie nicht länger in den Kirchen verbleiben. Eine jede von ihnen folgte einer inneren Weisung, drückte ihr Kind oder den toten Sohn fester an ihr Herz und verließ den heiligen Ort, an dem sie stand. Sie stiegen sicheren Schrittes von der »Ehre der Altäre«, sprangen mutig aus dem engen Rahmen ihrer Bilder und aus den Deckenfresken, aus den geschnitzten Mandorlen und Gloriolen, wanderten aus den bunten Kirchenfenstern. Sie löschten, bevor sie sich auf den Weg machten, all die vielen Lichter aus, die um sie herumstanden, und dachten traurig an die Menschen, die sie für sie angezündet hatten. Wo immer sie in der Welt auch waren, sie wollten – so bestätigte ihnen die innere Weisung – nach Rom, um zu demonstrieren.
So kam es, daß alle Madonnen unterwegs waren: Die strengen romanischen mit den asketischen Figuren – sie gingen mit leichten Füßen; die gotischen mit dem preziösen Knick in der Hüfte, mit Spielbein und Standbein und ihren faltenreichen Gewändern hatten es schon

etwas mühsamer, und erst die barocken mit allem Drum und Dran mußten sich hart ins Zeug legen, um ordentlich voranzukommen; nicht weniger natürlich die in Himmelblau und Weiß gekleideten, von oben bis unten in schweren Gips gefaßten. Am schlimmsten aber war es zweifellos für die lieben Frauen aus den Wallfahrtsorten; sie trugen die Lasten und Geschenke ihrer erhörten Bittsteller: Uhren, Ketten, Ringe, Rosenkränze, Kronen, Armreifen bis zu den Schultern. So schleppten alle mit sich, was sie hatten: die jungen das verspielte Jesuskind, oft mit dem ganzen Globus in den Händchen, die Pietas den noch immer blutenden toten Heiland, und die von der Wallfahrt die Nöte und Ängste und den Dank der gequälten Menschen. Aus allen Erdteilen machten sie sich so auf den Weg, trugen die Hautfarben und Eigenheiten ihrer Rassen, hatten Gesichter aus allen Ständen: pfiffige, wie sinnliche Bauernmädchen, selbstbewußte, wie verwöhnte Bürgersfrauen, schöne und ebenmäßige, wie man sie sich aus fürstlichem Stande vorstellt, und engelgleiche, wie es sie auf der weiten Erde kaum zu finden gibt.

So waren über Nacht alle katholischen Kirchen madonnenlos geworden!

Wirklich: alle waren sie ausgezogen, auch die ganz ehrwürdigen wie »Notre Dame« aus Paris, »Unsere liebe Frau« aus München und die aus Altötting, die »Senora Blanca« aus Toledo und die Schwarze von Tschenstochau, ja selbst die sanfte regenbogenfarbige »mater ter admirabilis« aus dem rheinischen Schönstatt. Mein Gott, nun gab es nur noch Madonnen in nichtkatholischen Kathedralen und Domen, bei den russisch-orthodoxen und all den sonst noch getrennten Brüdern! Über Wüsten und Meere, Täler und Gebirge, durch Dörfer und Städte schleppten sie sich, vorbei an allem Leid und aller Freude dieser Welt und erreichten sternförmig die heilige Stadt und den Petersplatz.

Dorthin war schon die Kunde von ihrer Ankunft gedrungen. Die Schweizer Garde mit ihren Hellebarden wollte sie lenken und leiten und sicher auch behüten, doch Engel Gottes fuhren vom Himmel, vertrieben sie mit flammenden Schwertern und stellten sich wachend an die Kolonnadensäulen.

Der Heilige Vater machte sich keine großen Sorgen, obwohl das Telefon nicht stillstand und aus der ganzen Welt gemeldet wurde, daß alle Frauen im kirchlichen Dienst ebenfalls ihre Arbeit nieder- und damit das Leben in den Gemeinden lahmgelegt hätten. Er fürchtete sich nicht, er kannte sich als den vielgereisten erfahrenen Mann mit der großen Ausstrahlung, der in allen Sprachen sprechen konnte, der zwar die Frauen so richtig nicht liebte, um so mehr aber sich in innerer Eintracht mit der einen überhöhten und königlichen, nämlich »Unserer Lieben Frau«, wußte.

Die Madonnen aber nahmen ihre Kronen ab, ihren Schmuck, ihre Zepter und standen so nun vor ihm – ein Millionenheer von Frauen, wie aus dem Volke geschnitzt, aus allen Ständen und allen Rassen, mit ihren Kindern auf den Armen, ihren toten Söhnen auf dem Schoß und der Not und Angst der Menschen auf ihren Schultern, Frauen, die alle auch ihre menschliche Geschichte in dieser Kirche hatten.

Der Heilige Vater entdeckte viele Bekannte, was ihm seine anfängliche Sicherheit wiedergab, und so fragte er in allen Sprachen »urbi et orbi«, was sie bedrücke, warum gerade sie hier demonstrierten. Doch sie gaben ihm keine Antwort. Denn sie wußten sehr wohl, daß nicht nur nach Paulus eine Frau in der Kirche eben zu schweigen habe. Nur die sogenannten »tränenden Madonnen« weinten und schluchzten zum ersten Mal ohne künstliche Nachhilfe. Und als der Heilige Vater auf polnisch sprach und ganz sicher war, die Schwarze Madonna werde ihn verstehen und ihm antworten, sah sie ihn nur ganz ernst und schweigend an, so wie sie es eben immer tut. Und die Cherubinen und Seraphinen rollten Transparente aus, ganz bunte, weder in marianischen noch in kirchlichen Farben. Auf denen stand geschrieben: »Wir sind nie ›Archen des Bundes‹ gewesen, auch keine ›Morgensterne‹, keine ›elfenbeinernen Türme‹ und ›goldenen Häuser‹, wir sind Frauen aus dem Volk, die Wiege für Christus und diese Kirche, heute wie damals.« Es wurde still und stiller, und die Mütter nahmen ihre Kinder und toten Söhne noch fester an ihr Herz, während der Heilige Vater krampfhaft die Finger um sein eisernes Wanderkreuz spannte, wie um ein ehernes Gesetz. In der Tat, es stimmte ihn sehr nachdenklich: da unten das so vielsagende Schweigen der sonst so gesprächigen Frauen mit dem Leben und der Not der ganzen Welt auf den Schultern – und weit oben er, sehr einsam, mit den Regeln dieser Kirche in den Händen.

In dieser peinlichen Stille hatte der Himmlische Vater ein Erbarmen mit beiden: seinen Töchtern, die nicht sprechen konnten, und mit dem

Vater, dem Heiligen, denn er liebte auch ihn. Er schickte deshalb eine große Wolke, um die Madonnen – ihnen ja nichts Neues – wieder einmal in den Himmel heraufzuholen. Die barocken verstanden dies sofort; sie stellten sich auf die Zehen, hoben die Rechte nach oben, ebenfalls die Augen, und alle taten es ihnen nach.
So war in Windeseile der ganze Petersplatz engel- und madonnenleer, und man hörte nur das Klirren des Geschmeides, der Kronen und Zepter, die der für die päpstlichen Banken zuständige Kurienkardinal in Körben sammeln und in die Schatzkammern bringen ließ. So einfach, klar und realistisch werden manchmal die Dinge in Rom erledigt, denn alles muß ja seine Ordnung haben.
In den katholischen Kirchen der Welt aber wurde es kalt und dunkel. Es brannten keine Lichter mehr, die Blumen verdorrten, die Marmorböden blieben schmutzig, und ein eisiger Wind blies durch die zerbrochenen Madonnenfenster. Keine Gemeinde funktionierte mehr.
Im Himmel indessen freute sich der liebe Gott über die tausendfache Ankunft unserer lieben Frauen, mit denen er sich sofort verstand. Die Madonnen brachen in freudiger Redseligkeit aus ihrem Schweigen aus, und der Himmlische Vater fragte sie: »Warum seid Ihr mit dem Irdischen Vater denn gar nicht zurechtgekommen?« Sie sagten: »Sieh mal nach unten, da sitzt der Heilige Vater, sitzt im Kreise seiner purpurtragenden Männer, alte Männer, nichts als Männer – Männer – und hält Rat: Was soll wohl der Auszug der Madonnen, unserer Mägde, fragt er. Siehe Herr, er hat nichts verstanden.« Der Himmlische Vater jedoch verstand und lächelte. Und er gab ein großes Gastmahl, hielt die humorvollste, liebenswürdigste und doch tiefsinnigste Damenrede, die es je gab. Und er endete mit einem Aufruf an alle: »Geht zurück auf Eure Altäre, in Eure Nischen und Mandorlen, in Eure Fresken und Kathedralenfenster. Ihr habt einen großen Auftrag: Verkündet mich auf Eure Weise, denn Ihr sprecht für die weibliche Seite meines Wesens.« Und für die schlichten, gipsernen und stilleren Gemüter fügte er hinzu: »Ihr seid ein Stück von mir.«
Eine Wolke brachte sie dann zur Erde zurück, an ihre Plätze, wo sie mit großem Jubel empfangen wurden, wo die Mädchen am Altar standen, die Blumen wieder zu blühen anfingen, die Lichter aufstrahlten und die Organisten in die Tasten und Register griffen, als gäbe es eine große Hochzeit zu feiern. Die Menschen hatten tatsächlich

begriffen, was hier vor sich ging, und man feierte erstmals mit viel Freude und Humor das Fest von der Erdenfahrt Mariens.
Waltraud Wagner-König.

Nicht auf Kosten der Männer, sondern letztlich auch für sie ist die Befreiung von Frauen in Gesellschaft und Kirche notwendig bzw. Not-wendend.

Der Auftrag Gottes an Frauen und Männer ist ein gemeinsamer[11]:

Ein Auftrag
Adam und Eva teilten das erste Paradies,
und heute teilen Männer und Frauen
die Freude und Sorge,
den Mut und die Angst,
den Glauben und die Unsicherheit,
die Hoffnung und die Verzweiflung.

Beide in Gemeinsamkeit teilen sie
die Menschlichkeit.
Darum laß keinen Mann sich selbst
für vollkommen halten.
Laß keine Frau vor Verantwortung zurückschrecken.
Hilf zur Ganzheit der
Gemeinschaft.
Mit klarem, bewußten Verstand und Einigkeit.

Zur Arbeit mit diesem Kapitel

Unserer Erfahrung nach ist das Bewußtsein gegenwärtiger amtskirchlicher Strukturen bei Frauen und Mädchen, natürlich auch bei Männern, sehr unterschiedlich ausgeprägt. Die Sichtweise ist meist von der konkreten Gemeindesituation und den damit verbundenen Erfahrungen geprägt. Das Ansprechen und Aufgreifen dieser Ungerechtigkeiten kann somit auch einen Riß bzw. sogar den Einsturz der bisherigen Glaubens- und Kirchenwelt bedeuten, so daß mit heftigen Reaktionen gerechnet werden muß (»Man nimmt mir alles bisher Selbstverständliche weg« ...). Auch die Festschreibung des jetzigen Zustandes mit dem Argument, daß dies schon immer so war, ist sowohl bei Frauen als auch bei Männern zu finden.
Die größte Schwierigkeit stellt sich oft im Formulieren von konkreten Wünschen, Visionen und Träumen ein. Hier scheint es uns wichtig, keine realpolitischen Erwägungen (»Das wird es nie geben!«) als ausschlaggebendes Argument gelten zu lassen. Die Motivation und Möglichkeit zum Träumen beflügeln oft die tatsächlichen Handlungen und Forderungen. Natürlich muß in diesem Zusammenhang sowohl das Selbstbewußtsein von Frauen und das Vertrauen in ihre eigenen Fähigkeiten als auch die Verbundenheit und Solidarität untereinander gestärkt werden, um eine Übernahme von neuen Aufgaben zu ermöglichen.

4. Das Faß ist voll

Feministische Spiritualität

der brandherd [1]

es gibt
so viele gründe
alles beim alten
zu lassen
und nur einen einzigen
doch endlich etwas
zu verändern:

du hältst es
einfach
nicht mehr aus.

Hans-Curt Flemming

Feministische Spiritualität umschreibt den Weg von Frauen (und Männern) zu ihrem persönlichen Glauben, zu ihrer gelebten religiösen Identität. Der Prozeß, auch im Glauben »ich« sagen zu können, geht einher mit den Erfahrungen des Alltags. Überall dort, wo Frauen aufgrund ihres Leidensdrucks zornig werden, aufbrechen, sich Freiräume schaffen, sich auf sich selbst besinnen und gemeinsam mit anderen sich stärken, sich gegenseitig herausfordern, wieder Worte, Gesten und Symbole suchen für ihre Erfahrungen, sich einmischen, mitreden und mitentscheiden, überall da, wo Frauen für ihren Glauben und ihre Erfahrungen nach Ausdruck suchen – da geschieht dieses Suchen nach dem, das wir »Gott« nennen, nach »Gott mit uns«.[2]

Bunte Bilder – unser Gottesbild?

MUTTER
Sie lehrten mich
nie
Mutter
zu Dir
zu sagen

sie sagen wohl
es steht irgendwo
geschrieben
Du seist
Vater und Mutter
zugleich

aber dann
beten sie
immer wieder
Vater unser
immer wieder
Vater unser

Mutter
laß Dich
entdecken[3]

Die mütterliche Seite Gottes zu betonen, ist keine »irrige Idee« von Frauen, sondern z.B. auch die Sichtweise der Päpste. Mit Johannes Paul II. können wir heute formulieren: »Gott ist Mutter«, oder mit Johannes Paul I. sogar sagen: »Gott ist sogar mehr Mutter als Vater«.[4]

Von Gott und mit Gott zu sprechen, kann nie in endgültigen und abgeschlossen Formulierungen geschehen. Wir versuchen immer wieder, Gott in unseren menschlichen Vorstellungen festzulegen. Dennoch brauchen wir solche Bilder. Gedankenlos meist mit »ER« angesprochen, ist die Verknüpfung und Gleichsetzung Gottes mit dem Mann und umgekehrt fraglich geworden. In der Bibel sind eine Fülle vergessener Gottesbilder zu finden, die wiederum nicht ausschließlich, sondern in ihrer Vielfalt und Gesamtheit zu sehen sind: nicht die herrschaftlichen Eigenschaften Gottes (König, Richter, Herrscher...), sondern der lebendige und nahe Gott stehen da im Mittelpunkt.

Gott als Gebärende:
Ich [Jahwe] hatte sehr lange geschwiegen, ich war still und hielt mich zurück. Wie eine Gebärende will ich nun schreien, ich schnaube und schnaufe. (Jes 42,14)
An den Fels, der dich gezeugt hat, dachtest du nicht mehr, du vergaßest den Gott, der dich geboren hat. (Dtn 32,18)

Gott als stillende Mutter:
Habe denn ich [Mose] dieses ganze Volk in meinem Schoß getragen, oder habe ich es geboren, daß du [Jahwe] zu mir sagen kannst: Nimm es an deine Brust, wie der Wärter den Säugling, und trag es in das Land, das ich seinen Vätern mit einem Eid zugesichert habe? (Num 11,12)

Gott als Mutter:
Kann denn eine Frau ihr Kindlein vergessen, eine Mutter ihren leiblichen Sohn? Und selbst wenn sie ihn vergessen würde, ich [Jahwe] vergesse dich nicht. (Jes 49,15)

Andere mütterliche Aspekte:
Tätigkeiten und Fähigkeiten, die nach dem damaligen Verständnis weiblich waren:
Wie eine Mutter ihren Sohn tröstet, so tröste ich euch (...). (Jes 66,13) (Hos 11,3ff.)
Gott als Geburtshelferin: (Ps 22,10)
Gott als Bärin: (Hos 13,8)

Die Flügel Gottes:
In zwei verschiedenen Arten werden die Flügel zu einem göttlichen Bild: zum einen verbirgt sich der Mensch unter Gottes schützenden Flügeln (Bild der Henne), zum anderen wird der Mensch auf göttlichen

Flügeln getragen (Bild der Adlermutter). (Dtn 32,11; Mt 23,37; Lk 13,34)
Gott als »Gott mit uns«, lebendig, nah und gleichzeitig fern, ist aber immer größer als all unsere Vorstellungen von »ihm«, »Deus semper maior«. Alle Bilder müssen Bilder bleiben, die zugleich wieder überstiegen werden. Dies wußte auch die Bibel:
Denn ich bin Gott, nicht ein Mensch/ Mann, der Heilige in deiner Mitte (...) (Hos 11,9b)

Anregungen zur Vertiefung

Welche Gottesbilder sind Ihnen vertraut, welche erscheinen Ihnen fremd? Wie können Sie Ihr Gottesbild beschreiben?
Versuchen Sie unter Verwendung verschiedener Farben und Formen, Ihr »Bild« von Gott zu malen. Erzählen Sie anschließend in kleinen Gruppen von Ihren Gedanken während des Malens und tauschen Sie sich über Ihre Assoziationen beim Anschauen der Bilder aus.

Gottesbilder [5]

Wie ist das nun mit den Bildern
Gott
Du sollst dir kein Gottesbild machen – Ex 20,4 –
heißt es in der Bibel
und doch
ist sie voll davon
du König
  Herrscher
  Gewaltiger
es geht ja wohl nicht anders
wir Menschen dein Abbild
können dich nicht fassen

wenn nicht du
in unseren Bildern
dich mitteilst
Vielleicht aber
lehrt uns die Geschichte
des Mißbrauchs deiner Bilder
von Menschen gemacht
von Menschen genutzt zu eigenem Vorteil
auf Kosten der anderen
wie wir es halten sollen
mit den Bildern
ohne dich darin einzusperren:

Du sollst kein Bild
als Gott anbeten!
Du sollst kein Gottesbild
für alle verpflichtend machen!
Du sollst jedes Bild
durch andere ergänzen!
Du sollst mit Bildern
Menschen nicht festlegen!

Dann wirst du kein Gottesbild
benutzen
um Herrschaft auszuüben

Unterstreichen Sie die wichtigsten Aussagen des Textes.
Wie ist das Gebot »Du sollst dir kein Bild machen« zu verstehen?

Was bedeutet dies für Ihr eigenes Gottesbild?

Auf dem Weg zu einer neuen Sprache

In der Kirche[6]

Jakob geht in die Kirche.
Der Pfarrer redet, aber Jakob versteht nicht, was er sagt.
Die Leute singen, aber Jakob versteht nicht, was sie singen.
›Jesus‹, sagt Jakob, ›ist das aber fad!‹

Wenn Sie sich an die Zeit erinnern, als Sie ein Kind waren – welche Gebete oder Teile von Gebeten fallen Ihnen ein? Notieren Sie Ihre Gebete und reden Sie gemeinsam über Ihre damaligen Erfahrungen, Vorstellungen, Gefühle…
Auch heute werden Ihre Erfahrungen mit Gottesdienst und Gebeten unterschiedlich sein. Versuchen Sie für sich selbst, eine Bestandsaufnahme zu machen: Was hilft Ihnen, was hindert Sie beim Beten? Welche Gedanken, Ausdrücke, Anreden und Bilder verwenden Sie häufiger – vorgeformt oder frei formuliert? Welche Erfahrungen und Gefühle sind für Sie damit verbunden? Wenn Sie wollen, suchen Sie sich eine vertraute Person zum Gespräch darüber.

Oft fehlen uns passende Worte, unsere Bitten, Sorgen, Freuden, Klagen im Gebet und Gottesdienst auszudrücken. Manch Vorgeprägtes ist uns vertraut, manches ist leer geworden und schränkt uns ein. So suchen Menschen im persönlichen und gemeinsamen Gebet nach eigenen lebendigen Worten und Bildern:

»Mit anderen Worten
wollen wir sagen
wer du uns bist«[7]

»Ich mag nicht mehr Herr zu dir sagen…«[8]

Gott ich mag nicht mehr Herr zu dir sagen
aber ich wag mich noch nicht
nicht meinen Aus-Druck

Zu lang war die Impfung zu häufig,
mit der sie dich mir einverleibt haben,
zu stark ihre Wirkung
die Lähmung die Hemmung
dickes Gemisch
aus Ängsten Macht Wahrheit Verboten,
die mein Blut aufsog
Denken mein Fühlen einzwängte,
die mein Leben abkühlte leise verhalten
eingelullt manchmal wie Tröstung

Gott
sie haben dich mir angewöhnt
vermännlicht befehlend grausam errettend –
sie haben dich mir abgewöhnt
versöhnt verjüngert verbrüdert –
Gott ich mag nicht mehr Herr zu dir sagen
aber ich wag mich noch nicht.

Eher Abwendung mein Aufwachen
eher Abneigung mein Aufstehen
wütend manchmal und traurig
verkrüppelt gebremst –
Könnte ich dich anklagen, du Gott,
ich würde frei.
Und ich hörte auf, meinen Kopf zu senken,
ich sähe dir ins Gesicht, könnte schreien –
ich stünde gerade, offen zu streiten –
und könnte
vielleicht
deinen Atem spüren.

Unsere Lieder:[9]

Laßt uns loben, BRÜDER, loben
Gott den Herrn, der uns erhoben
und so wunderbar erwählt…
(Gotteslob Nr. 637,1)

Er lasse uns wie BRÜDER sein, / der Eintracht uns erfreun…
(Gotteslob Nr. 638,3)

…als Gottes SÖHNE wirket seinen Frieden…
als Jesu JÜNGER seid ihr nun gesendet…
stärket eure BRÜDER…
Ihr wart einst KNECHTE,
er macht euch zu SÖHNEN;
ihr wart einst SKLAVEN,
er macht euch zu FREUNDEN…
(Gotteslob Nr. 160, 3-7)

Unsere Lieder?

Stört es Sie persönlich, daß in unserer Sprache meist nur die männliche Form genannt wird, wenn Männer *und* Frauen gemeint sind (z.B. Schüler, Lehrer, Christen)? Suchen Sie gemeinsam nach Gründen, wieso dies so ist.
Versuchen Sie einmal für eine bestimmte Zeit, dies umzudrehen und nur die weiblichen Formen (z.B. Schülerinnen, Lehrerinnen, Christinnen) zu verwenden, wenn Sie Frauen *und* Männer meinen. Was verändert sich für Sie dadurch? Fühlen Sie sich angesprochen oder ausgegrenzt, kommt es Ihnen komisch vor…?

Frauen ausdrücklich benennen

Wenn ich Frauen meine, sage ich: Freundinnen (und nicht: Freunde) - Christinnen (nicht: Christen) - Studentinnen - Kirchenvorsteherinnen - kirchliche Mitarbeiterinnen - Kirchentagsteilnehmerinnen - Gesprächsleiterinnen - Ausländerinnen - Expertinnen.
Wenn ich mich auf Frauen beziehe, sage ich: jede (nicht: jeder) - alle, die (nicht: jeder, der) - keine - eine - die eine oder andere - die einzelne - die Nächste (nicht: der Nächste).
Wenn ich Frauen und Männer meine, nenne ich beide, die weibliche und die männliche Form (z.B. die eine oder der andere - Lehrerinnen und Lehrer) oder verwende neutrale Begriffe: Studierende - Kirchenvorstand - Gesprächsleitung - ausländische Mitmenschen.

Frauen als selbständige Personen beschreiben

Die Diskriminierung von Frauen äußert sich auch darin, daß Anredeformen und Titel für Frauen und Männer nicht gleichgewichtig gebraucht und daß Männer selbstverständlich zuerst genannt werden. Deshalb sage ich z.B.
- Eva und Adam, Jüngerinnen und Jünger, Töchter und Söhne,
- Frau M. und Herr M. (und nicht: Herr M. und seine Frau),
- Frau N. (statt: die Frau von Pfarrer N.).

Frauen in ihrer Rollen- und Begabungsvielfalt sichtbar machen

Hier zeigt sich die Diskriminierung von Frauen oft weniger in einzelnen sprachlichen Formulierungen als im Übersehen und Verschweigen.
- Ich will Frauen Rationalität, Sachverstand, Durchhaltevermögen zusprechen und sie nicht allein durch äußere Merkmale kennzeichnen. (Wie fände ein Mann den Satz: "Sie ist eine tüchtige Ärztin und er ein gutgebauter Brünetter"?)
- Ich will respektieren, daß viele Frauen allein leben, alleinerziehend sind, mit anderen Frauen zusammen leben, und will Frauen nicht nur auf ihre Rolle als Ehefrau und Mutter festlegen.
- Ich will nicht gedankenlos Klischees wie "Frau am Steuer", "Doppelverdienerin", "Milchmädchenrechnung", "Klatschbase", "Otto Normalverbraucher" wiederholen.

Gott nicht durch den Gebrauch männlicher Bilder einschränken

Wir können Gott mit unserer Sprache nicht vollständig fassen. Wir können von Gott nur mit menschlichen Wörtern und unzureichenden Bildern reden. Die Gottesbezeichnungen in unserer Tradition sind männlich geprägt: Vater, Herr, König, Hirte, Schöpfer, Gott unserer Väter, Heiliger Geist.
Ich will für Gott auch andere Bezeichnungen und Bilder suchen: Gott, du bist eine tröstende Mutter, eine gerechte Freundin, die Quelle der Liebe, das Licht meines Lebens, Ursprung aller Dinge, unsere Zuflucht und unsere Stärke.
Ich will die Worte "er" und "sein" für Gott vermeiden und statt dessen "Gott" wiederholen: Wir hoffen auf Gott und Gottes Gerechtigkeit.

Betend – singend – feiernd

Frauen leben Gottesdienst

Wir feiern in Gesten und Symbolen, in Tanz und Liedern, in Schweigen und Reden. Unter diesen verschiedenen Ausdrucksmöglichkeiten ist besonders die Sprache ein sensibler Bereich und anfällig für Ungerechtigkeit. Dies gilt auch für die Sprache im Gottesdienst. Wir sind uns der Problematik der derzeitigen Gestalt des Gottesdienstes bewußt, ohne hier näher darauf eingehen zu können. Aber wir können *in* der momentanen Gottesdienstgestalt Texte wählen, die jenseits von weiblich und männlich Bilder für Gott suchen; wir haben hier bewußt Elemente aufgenommen, die Frauen ausdrücklich erwähnen. Auch wenn wir in unseren Gottesdiensten immer wieder an konfessionelle Grenzen stoßen, so ist es dennoch die gemeinsame Tradition, die katholische und evangelische ChristInnen verbindet. Diese Vorschläge frauengerechter Gebete entstanden meist für ökumenische Gottesdienste und sind überkonfessionell verwendbar.

Eingang/ Eröffnung:

* Kommt her, ihr Schwestern und Brüder
und erhebt eure Stimme
Denn Gott ruft uns
Gott ruft… und…
Gott ruft dich und mich
als Jüngerinnen und Jünger in die Nachfolge.
Kommt her wie Susannah und Johanna
Kommt her wie Andreas und Jakobus
Erhebt eure Stimme
Und singt ein Befreiungslied von Gott.[10]
* Im Namen Gottes, der uns Vater und Mutter ist.
Im Namen Jesu, der uns Bruder und Heiland ist.
Und im Namen des Heiligen Geistes,
der uns tröstet und die uns Mut macht.[11]

Kyrie:

Aber wir verweigern uns...[12]

Alle:
Wir alle gehören dir,
und du willst bei uns sein.
Vergib uns, Gott.

Im Wechsel:
Du hast uns dazu berufen, wie Eva damals,
an neuen Welten mitzubauen.
Aber wir verweigern uns,
ziehen uns zurück in das, was bequem und sicher ist.

Du hast uns dazu berufen, genau wie Mirjam,
um der Freiheit willen aufzubrechen, wegzugehen.
Aber wir verweigern uns,
Beweihräuchern uns damit, wie weit wir es gebracht haben,
Verdrängen so, wie weit wir noch gehen müssen.

Du hast uns dazu berufen, genau wie Deborah,
unsere Welt richtig einzuschätzen und darnach
Entscheidungen zu fällen und Rat zu geben.
Aber wir verweigern uns,
suchen eigene Gedankenlosigkeit zu rechtfertigen
Und uns in unseren Positionen anzupassen.

Du hast uns dazu berufen, genau wie Hulda,
Gerechtigkeit walten zu lassen
Und Barmherzigkeit, wo sie allein nur noch helfen kann.
Aber wir verweigern uns,
fühlen uns von Dingen, die uns angehen sollten, nicht betroffen,
üben uns in Passivität und schützen Frömmigkeit vor.

Du hast uns berufen, genau wie Naomi und Ruth,
einander zu lieben.
Aber wir verweigern uns,
konkurrieren statt dessen gegeneinander
und halten uns schadlos auf Kosten derer, die am meisten so sind wie wir.

Du hast uns berufen, genau wie Maria,
in unserem Herzen das zu bewegen, was du gesagt hast.
Aber wir verweigern uns
und werden statt dessen Perfektionistinnen.

Du hast uns dazu berufen, genau wie Thekla und Phoebe,
Kirche neu zu bauen.
Aber wir verweigern uns,
richten uns ein in dem System, in dem wir leben
und rechtfertigen verstandesmäßig die Dinge, wie sie sind.

Alle:
Du, der du voll Barmherzigkeit alles heil machen willst:
Wir nutzen das nicht, was uns als Möglichkeit gegeben ist.
Wir stellen uns der Berufung durch dich nicht.
Wir schlagen es aus, zusammen mit dir
eine neue Gesellschaft und eine neue Welt aufzubauen.

Aber jetzt kehren wir um!
Wir wollen versuchen, das, was bisher war,
hinter uns zu lassen.
Wir vertrauen
in neue Partnerschaften, um durchzuhalten,
auf neue Visionen von einem anderen Himmel und einer anderen Erde.

Credo:

Glaubensbekenntnis einer Frau[13]

Ich glaube an Gott,
der Frau und Mann zum Bilde
Gottes schuf,
der auch die Welt schuf
und beiderlei Geschlecht
die Erde zu treuen Händen übergab.

Ich glaube an Jesus,
Kind von Gott,
von Gott auserwählt,
von Maria, einer Frau, geboren,
der den Frauen zuhörte und sie gern hatte,
der in ihren Häusern war,
der über das Reich Gottes mit ihnen sprach,
der Jüngerinnen hatte, die ihm nachfolgten
und ihn auch finanzierten.

Ich glaube an Jesus,
der mit einer Frau am Brunnen
über Theologie sprach
und ihr zuerst anvertraute,
daß er der Messias sei,
so daß sie hinging und in der Stadt
die große Neuigkeit herumsagte.

Ich glaube an Jesus,
der sich salben ließ von einer Frau in Simons Haus,
der die männlichen Gäste zurechtwies,
die sich darüber empörten.

Ich glaube an Jesus,
der sagte, daß man an diese Frau und ihre Tat
denken wird –

ein Dienst an Jesus.

Ich glaube an Jesus,
der eine Frau am Sabbat heilte
und sie wieder aufrichtete,
denn sie war ein Mensch.

Ich glaube an Jesus,
der von Gott sprach
als von einer Frau, die den verlorenen Groschen sucht,
als von einer Frau, die das Haus kehrt,
um das Verlorene zu finden.
Ich glaube an Jesus,
der Schwangerschaft und Geburt
mit Ehrfurcht ansah
und nicht als Strafe – sondern
als ein Geschehen,
wo sich eins aus dem anderen losreißt,
ein Sinnbild für Umwandlung;
wiedergeboren
aus dem Schmerz hinein in Freude.

Ich glaube an Jesus,
der von sich sprach
als einer Glucke,
die ihre Küken unter
ihren Flügeln versammelt.

Ich glaube an Jesus, der zuerst
Maria Magdalena erschien
und sie mit der aufrührenden Botschaft losschickte:
Geh und sag es den anderen…

Ich glaube an den alles umfassenden Erlöser,
für den es weder Juden noch Griechen,
weder Sklaven noch Freie,
weder Mann noch Frau gibt,
denn wir sind alle eins in der Erlösung durch ihn.

Ich glaube an den Heiligen Geist,
die sich über die Wasser der Schöpfung
und über die Erde hinbewegt.

Ich glaube an den Heiligen Geist,
den weiblichen Geist Gottes,
die uns wie eine Glucke geschaffen hat,
die uns zur Welt brachte
und ihre Flügel über uns deckt.

Fürbitten/Allgemeines Gebet:

Alle:
Wir gedenken unserer eigenen Mütter und Großmütter, deren Leben das unsere geprägt hat.
Wir bitten um die besondere Kraft, die sie uns weitergeben wollten.

Wir beten für die Frauen, die in ihrem eigenen Zuhause Opfer von Gewalt sind.
Möge ihnen die Kraft zuwachsen, ihre Angst zu überwinden und nach Lösungen zu suchen.

Wir beten für die Frauen, die in einem Leben in Armut und Unterernährung stehen.
Möge ihnen die Kraft der Hoffnung zuwachsen, um zusammen auf ein besseres Leben hinzuarbeiten.

Wir beten für die Frauen, die heute in ihren Arbeitsgebieten Besonderes wagen.
Möge ihnen Ausdauer als Kraft zuwachsen, um so allen Frauen neue Arbeitsgebiete zu erschließen.

Alle:
Wir beten für unsere Töchter und Enkelinnen.
Möge in ihnen die Kraft wachsen, ihr ganz eigenes Leben für sich zu entdecken.

(Fügt hier alle Frauen an, derer Ihr gedenken oder für die Ihr beten möchtet.)

Alle:
Wir haben viele Frauen in Vergangenheit und Gegenwart besungen, die die Kraft hatten, das Leben mitzugestalten. Jetzt ist es Zeit, auch uns selbst zu feiern. In einer jeden von uns ist wie in ihnen Leben, Licht und Liebe angelegt. In einer jeden von uns ist der Keim zu Kraft und Heiligkeit beschlossen. Mit unseren Körpern können wir Liebe fühlbar machen; mit unseren Herzen können wir Heilung bringen; mit unserem Verstand können wir Glauben, Wahrheit und Gerechtigkeit erkennen. Geist des Lebens, begleite uns in unserem Suchen.
Amen.[14]

Gott, wir sehen dich…[15]

Gott, wir sehen dich, wie du allem, was als schwach und verachtenswert galt, nahe warst und wie du den benachteiligten Frauen mit tiefem Respekt begegnet bist. Wir denken besonders an die Frauen, die ein schweres Los zu tragen haben. Wir denken an:

L:
- Frauen, die bevormundet, nicht ernstgenommen, übersehen werden (Stille)
- Frauen, die in ihrer Ehe einsam sind (Stille)
- Frauen, die überlastet sind (Stille)
- Frauen, die ein Kind erwarten, das nicht geplant und nicht erwünscht ist (Stille)
- Frauen, die in der Sorge für die Familie keine eigenen Ansprüche mehr stellen können (Stille)
- Frauen, die keine Arbeit finden (Stille)
- Frauen, die im Alter scheinbar von niemanden gebraucht werden… (Stille)

Gib ihnen und allen, die Not leiden, deine Kraft, Weisheit und Liebe, damit sie mit ihrem Leben fertig werden, und schenke uns allen etwas von dem Respekt und der Sympathie, mit denen du den Notleidenden begegnet bist!

A: Wir bitten dich, erhöre uns!

L: Gott, wir denken aber auch an die Frauen, die im großen oder kleinen den alltäglichen Befreiungskampf aufgenommen haben;

- Frauen, die sich als Entwicklungshelferinnen den unerhört mühseligen Kampf um die Verbesserung der Lebensbedingungen in der »Dritten Welt« zu eigen gemacht haben (Stille)
- Ordensfrauen, die sich ohne Aufhebens unter jene mischen, die leiden, die man vergessen hat, die nicht verstanden oder immer noch verachtet werden, und bei ihnen bleiben, im Frieden und in der Freude Christi, um für sie ein Zeichen der Hoffnung zu sein (Stille)
- Frauen, die sich in Frauengruppen zusammentun und durch Erfahrungsaustausch, gemeinsames Nachdenken und praktische Solidarität ihre Würde erleben, ihre Fähigkeiten entdecken und an der Befreiung anderer Menschen mitarbeiten (Stille)
- Frauen, die sich über die Grenzen der Familie hinaus in Politik und Gesellschaft engagieren und der Geschwisterlichkeit der Menschen zum Blühen verhelfen (Stille)

Schenke ihnen und allen, die dem Leben dienen wollen, deine Kraft, deine Weisheit und Liebe!

A: Wir bitten dich, erhöre uns!

Z: Jesus Christus, unser Bruder, salbe uns mit deinem Geist, auf daß wir das Volk deiner Frohen Botschaft werden: befreit, um das Joch anderer zu brechen, sehend, um Einsicht zu vermitteln, geheilt, um heil zu machen.
Wir bitten um dein – nicht unser – Geheimnis.
Wir bitten um deine – nicht unsere – Klarheit.
Wir bitten um deine – nicht unsere – Wahrheit.
Laß deine Gerechtigkeit, dein Tun und deine Liebe durch unsere Art zu leben Wirklichkeit werden.

A: Amen.

***Gib uns Kraft, uns zu empören*[16]**
Fürbittengebet

Wir sind oft erschöpft und fühlen uns erniedrigt und unterdrückt. Hilf uns, harte Zeiten aushalten und gib uns Kraft, uns zu empören, wenn wir ungerecht behandelt werden.

Hilf den Frauen, die auf sich selbst gestellt sind, von keinem geliebt. Laß sie fühlen, daß du Liebe bist und sage ihnen, daß jemand ihre Liebe braucht.

Hilf den Frauen, die kein Vertrauen zu sich selbst haben. Gib ihnen deine Macht und zeige ihnen, daß durch dich, den Geber des Lebens, Vertrauen gefunden wird.

Hilf den Frauen, die allein mit ihren Kindern sind, um die sie sich kümmern müssen. Gib ihnen die Gelegenheit, Freundschaft zu finden. Halte sie, damit Haß gegen die, die sie verließen, nicht entsteht.

Hilf den Frauen, die trotz ihrer Ehe in Einsamkeit leben, weil sie von denen, die sie einst liebten, weggetrieben worden sind, ohne diese Entwicklung zu wollen.

Hilf den Frauen, die Gelegenheiten haben, Erziehung und Überschuß an Kraft, laß sie ihre Kraft für andere Frauen gebrauchen, die ihre Unterstützung nötig haben.

Wir danken dir für Freunde und Gefährten, mit denen wir wirkliche Freundschaft und Liebe genießen, Frauen und auch Männer. Wir danken dir für die Möglichkeiten, die du uns im Leben gabst, in der Liebe zu wachsen, für dich und alles, was du geschaffen hast.

Für alle Menschen[17]

Lebendiger Gott,
Wir bitten dich für alle Menschen:

Für die Frauen, denen Tradition und Sitte ein Leben in seiner ganzen Fülle verwehren.
Für die Unterdrückten und Ausgebeuteten.
Für die, denen Systeme und Autoritäten Freiheit und Menschenwürde vorenthalten.
Für jene, die um ihrer Denkweise willen ihre Heimat verlassen müssen.
Für jene, die in ihrer eigenen Kultur und Religion Richtung und Sinn für ihr Leben suchen.
Für jene, die so lang und so schwer schuften, ohne doch sich und ihre Familien ernähren und kleiden zu können.
Für jene, die ihren Körper verkaufen müssen, wollen sie überhaupt überleben.
Für die Frauen und Männer, deren Leben in stiller Verzweiflung den Mächtigen und Einflußreichen ausgeliefert ist.
Für sie und alle, die leiden, bitten wir dich:

Gib, daß die Kirche wieder einmal deiner schöpferischen Liebe voll Freude Ausdruck gebe.
Die Schranken durchbricht und Menschen untereinander vereint,
Frauen mit Männern, Gruppe mit Gruppe.
Die dem leeren Dasein Sinn und Hoffnung gibt.
Und uns in verschwenderischer Selbsthingabe aufeinander zugehen läßt.
Was auch uns zu Menschen in mehr Fülle werden läßt.

Deshalb, Gott,
erfülle deine Zusage in uns
um aller Menschen willen
durch Jesus Christus.

Segen:

Der Segen des Gottes von Sarah und Abraham,
der Segen des Sohnes, von Maria geboren,
der Segen des Heiligen Geistes, der über uns wacht wie eine Mutter über ihre Kinder,
sei mit euch allen.
Amen.[18]

Gott
Deinen mütterlichen Segen erbitten wir.
Deine Zärtlichkeit und Liebe umfange und halte uns.
Deine Kraft stachle uns an.
Deine Weisheit sei unsere Ratgeberin.
Heute, morgen, immer. Darauf vertrauen wir mit unseren Schwestern im Volk Israel,
in der Jüngerschaft Jesu,
in der Geschichte der Kirche,
in diesem Kreis.
Amen.[19]

Schwestern und Brüder, erhebt euch zum Segen.
Faßt einander bei den Händen – und spürt eure Kraft.
Erinnert die Geschichte unserer Vormütter und Vorväter
und geht hin im Namen Gottes.
Denn Gott ist die Liebe.
Und wer in der Liebe ist, ist in Gott
Und Gott in ihr und ihm.[20]

Litanei der Befreiung:[21]

(Antwort: Geist, werde frei und erlöse uns.)

Von Sexismus und Fanatismus: Geist, werde frei und erlöse uns.
Von Irrlehre und Ungleichheit:
Von Hexenjagden und Beschimpfungen:
Von Herablassung und Klassensystemen:
Von Hierarchie und Klerikalismus:
Von Ausgrenzung und institutioneller Blindheit:
Von Drohungen und Verboten:
Von Gleichgültigkeit und Angst:
Von Frauenhaß und Feindlichkeit jeder Art:
Von Betrug und Lüge: Von der ungerechten Lohnsituation:
Von Tyrannei, Entfremdung und Unterordnung:

Lieder:

Mutter Geist

T: S.Fritsch M: P.Janssens

Verse 1-3 unisono - Zwischenspiel instrumental - Verse 1-3 als Kanon

2 Schwester Geist -
mit deiner Fröhlichkeit
Schwester Geist
mach mich stark.

3 Freundin Geist -
mit deiner Zärtlichkeit
Freundin Geist
hüll mich ein.

Komm, Mutter Geist

T: S.Fritsch M: P.Janssens

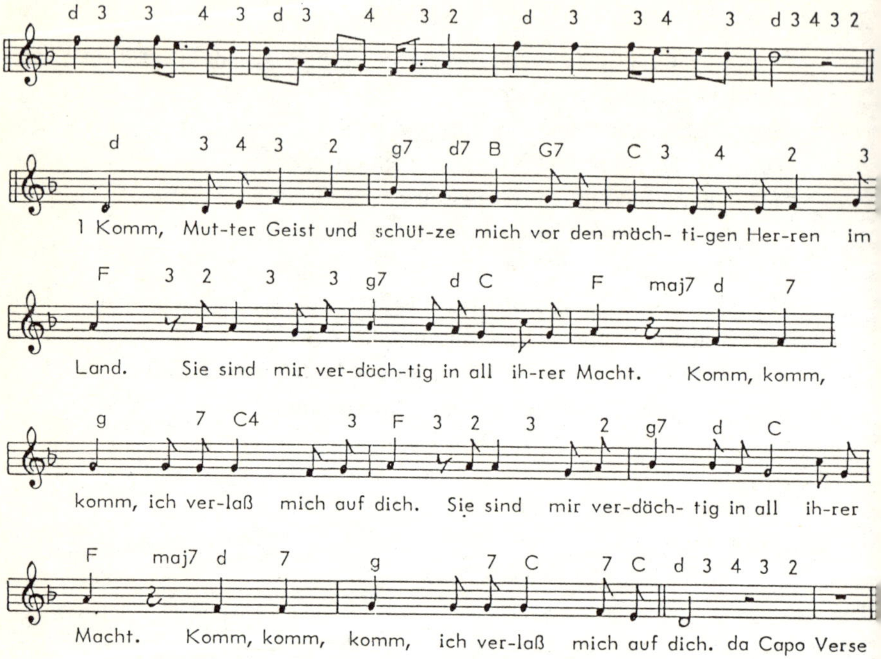

2 Komm, Seele Geist
versöhne mich
mit den Schwestern, die mir keine sind.
Sie lassen mich fallen für Ehre und Macht.
Komm, komm, komm, ich verlaß mich auf dich.
Sie lassen mich fallen für Ehre und Macht.
Komm, komm, komm, ich verlaß mich auf dich.

3 Komm, Weisheit Geist
und lehre mich
die richtigen Schritte zu tun.
Wir brauchen doch Menschen und nicht ihre Macht.
Komm, komm, komm, ich verlaß mich auf dich.
Wir brauchen doch Menschen und nicht ihre Macht.
Komm, komm, komm, ich verlaß mich auf dich.

4 Komm, Liebe Geist
und halte mich
in den Armen und laß mich nicht los.
Und schenk mir die Freiheit fürs Leben, nicht Macht.
Komm, komm, komm und verlaß dich auf mich.
Und schenk mir die Freiheit fürs Leben, nicht Macht.
Komm, komm, komm und verlaß dich auf mich.

Wenn eine alleine träumt

Jesaja 66,13

Zur Arbeit mit diesem Kapitel

Gottesbild

Gespräche über das eigene Gottesbild betreffen den sehr persönlichen Bereich einer/eines jeden, so daß eine Vertrauensbasis unter den TeilnehmerInnen vorhanden sein sollte. Deshalb kann das Arbeiten in kleinen Gruppen, in denen sich die TeilnehmerInnen besser kennen, notwendig sein. Im gemeinsamen Austausch über eigene Gottesvorstellungen und -bilder muß sehr vorsichtig miteinander umgegangen werden.
Besonders beim Malen von Bildern ist darauf zu achten, daß dies nie mit Zeichenunterricht verwechselt wird, sondern daß es um den Ausdruck von Vorstellungen und Gefühlen geht. Deshalb darf in diesem Zusammenhang nie eine Bewertung im Sinne von »richtig/falsch« oder »schön/nicht schön« vorgenommen werden.
Das Aufzeigen der weiblichen Seite Gottes provoziert gerade in dieser Weise auch das Überdenken der je eigenen Mutterbeziehung. Dementsprechend gibt es darauf positive bzw. negative Reaktionen.
Da diese Vorstellungen dennoch im Bereich menschlicher Bilder von Gott verhaftet bleiben, kann es manchmal hilfreich sein, auch andere Symbole für Gott zu suchen und aufzunehmen (z.B. Gott als Licht, als Quelle, als Wasser des Lebens, als Baum des Lebens…).

Gottesdienst

Hier ist es sinnvoll, die jeweilige konkrete Gottesdienstsituation der TeilnehmerInnen zu berücksichtigen und als Ausgangspunkt eine Analyse des eigenen Gottesdienstes gemeinsam vorzunehmen. Manchmal kann die Gegenwart des Pfarrers/der Pfarrerin das Gesprächsverhalten der TeilnehmerInnen beeinträchtigen.

Eigenes Formulieren

Auch das Formulieren von Gebeten und unser eigenes Beten zielen auf einen ganz persönlichen Bereich, für den in einer Gruppe viel Vertrauen und Angstfreiheit die Voraussetzungen sind. Ein ungeahnter Schatz öffnet sich meistens in dieser Arbeitseinheit, wenn die ersten Hemmungen überwunden sind. Wichtig dabei ist, Kreativität als positive Fähigkeit zu fördern und möglichst die eigene Sprache auch in den liturgischen Raum hineinzunehmen. Sehr sinnvoll wirkt sich diese Erarbeitung von Gebetstexten für das Gemeindeleben aus, wenn die »Ergebnisse« tatsächlich in den liturgischen Feiern gebetet und gelesen werden. Kontaktaufnahme mit dem vielleicht bestehenden Gottesdienst- oder Liturgiekreis kann eine große Breitenwirkung in das Gemeindeleben ermöglichen.

Ebenso eröffnet die musikalische Gestaltung ungeahnte Möglichkeiten: Gebete können vertont, Lieder mit neuen Texten oder mit neuen Melodien verändert werden, verschiedene Lieder können – wie eine Art Collage – zu einem neuen Lied verbunden werden... Mit einfachen Instrumenten ist es möglich, den Empfindungen entsprechend, Töne und Geräusche zu den Liedern und Gebeten zu entwickeln; oder es werden die Gefühle, die dem Text entsprechen, mit den Instrumenten (vor allem Orff- Instrumente) nachempfunden und verstärkt. Umgekehrt kann selbstverständlich auch die Musik dominieren, in die dann einzelne Sätze oder Gedanken aus Gebeten und Liedern hineingesprochen werden.

Sprachlicher Bereich

Die Übung, nur weibliche Formen zu verwenden, stößt oft auf Aggressionen von seiten der Jungen und Männer. Diese anzusprechen, erfordert ein Mindestmaß an gruppendynamischen Kenntnissen. Frauenreaktionen bestehen, unserer Erfahrung nach, meist darin, diese Gegenbewegung abzuschwächen und den Bereich der Sprache als unwichtig abzutun. Hier scheint es uns wichtig, die »übliche« Domi-

nanz des Männlichen deutlich und beharrlich vor Augen zu führen. Hilfreich kann sein, ganz genaue Zeitabschnitte festzulegen, in denen jeweils eine frauengerechte Sprache geübt wird.
Eine Veränderung der Anreden Gottes fallen uns erfahrungsgemäß viel schwerer als eine Änderung des alltäglichen Sprachgebrauchs. Um keine religiösen Gefühle zu verletzen, ist im Bereich unserer Rede von Gott besondere Achtsamkeit notwendig.

5. Unsere Vorschwestern

Frauen in der Kirchengeschichte

»Frauen des Glaubens, die, bevor ich geboren wurde, ersonnen hatten, wie sehr Glaube und Freiheit eins sind mit Gottes Absicht. Sie, meine ›Vorschwestern‹, lebten und starben, damit mein Glaube und Leben mehr Freiheit haben konnten. Ihretwegen kann ich Gottes Ruf antworten. Ihretwegen schöpfe ich Kraft aus der Vergangenheit, ihr Werk weiterzuführen und die Zukunft zu verändern. Frauen gestern und Frauen heute, alle stellen sie sich vor, daß wir eines Tages alle eins sein werden, gleichberechtigt in der Liebe, in der Verantwortung und in der Macht, in Welt und Kirche. Frauen des Glaubens, Frauen der Vergangenheit, ihr seid gegenwärtig in meinem Glauben und in meiner Zukunft. Ihr seid dabei beim Kampf für die Geburt der Zukunft.«[1]

Die Präsenz von Frauen in der Kirche endet nicht mit der Urkirche. Auch wenn die traditionelle Kirchengeschichte nur an Männern interessiert ist, finden wir trotzdem Namen, Lebensgeschichten und Erzählungen von Frauen. Diese wenigen Frauen, die wir erinnern können, verweisen uns auch auf all die Namenlosen und helfen, dem Vergessen zu widerstehen.

Seit dem Ende des dritten Jahrhunderts hatten sich Asketinnen und Asketen in die Wüsten des vorderen Orients (besonders in die ägyptische) zurückgezogen, um allein oder in kleinen Gruppen ein Leben in Armut und Enthaltsamkeit zu führen. Es gab für dieses frühe Mönchtum keine festgelegten Regeln. In Sprüchen und Beispielgeschichten wurden die Lebensregeln von den erfahrenen Mönchen, die »Abbas« (d.h. Väter) und »Ammas« (d.h. Mütter) genannt wurden, an die SchülerInnen weitergegeben. Sie waren geisterfüllte, kluge Frauen und Männer, zu denen verschiedenste Menschen kamen, um Rat und Lebensweisungen einzuholen. Ihr Leben in kleinen Klausen in der Wüste war arm und anspruchslos, wegen möglicher räuberischer Überfälle auch gefährlich.

Neben den Mönchen ist in den alten Texten von vielen tausenden Asketinnen die Rede, die nicht nur in der Wüste, sondern auch im bewohnten Gebiet in Klöstern lebten. Nur wenige kennen wir mit Namen: Amma Theodora, Amma Sara und Amma Synkletike, viele bleiben mit ihren »Schwestern« namenlos. Sie waren Frauen mit eigenen Erfahrungen und eigener Persönlichkeit, mit einem starken Glauben und eigenen Wegen, ihn zu leben. Sie alle können wir wieder lebendig werden lassen, um von ihnen zu lernen.

»Unser Erbe ist unsere Macht.«
Welche Frauen haben meinen Glauben wachsen lassen und geprägt?
Wie haben sie mich und meine religiöse Entwicklung beeinflußt?
Im Christentum gab es immer Frauen und Männer, die als Ratgebende anderen zur Seite standen. Kenne ich Frauen, die mir Ratgeberinnen und Begleiterinnen in Lebens- und Glaubensfragen sind? (Überlegen Sie sich eventuelle Gründe, falls Ihnen keine solchen Frauen einfallen.)

Es bleibt der gequälte Schrei in unsern Ohren

Hexen und weise Frauen

Die Hexenverfolgung war »mit Ausnahme der Judenverfolgung die größte nicht kriegsbedingte Massentötung von Menschen durch Menschen in Europa.«[2]
Es waren in erster Linie Frauen, die verfolgt und ermordet wurden. Ganze Dörfer wurden entvölkert, niemand wird es je überprüfen können, wie viele Frauen wirklich getötet wurden.

»In Rottenburg am Neckar brannte man am 12. Juli 1583 zwölf, am 7. April 1585 neun Hexen. Die Anzahl der Hexen wurde schließlich so groß, daß der Stadtrat anfing, müde zu werden, solche Leute zu justifizieren, sorgend daß, wenn man weiter fortfahren sollte, fast keine Weiber mehr übrig bleiben sollten.«
»Laut amtlichen Nachrichten bestiegen nur aus etwa zwanzig Dörfern in der nächsten Umgegend der Hauptstadt (Trier) in sechs Jahren (1587 bis1593) 306 Personen den Scheiterhaufen. In zwei Ortschaften blieben nur zwei Frauen am Leben.«
Insgesamt schwanken die Zahlenangaben über die hingerichteten Opfer zwischen wohl 100.000 aktenkundigen und 1 Million geschätzten Personen, von denen im Durchschnitt über 80% Frauen waren. Einzelne Fälle gab es schon seit 1450 und bis 1790. Aber die überwältigende Mehrheit der Justizmorde fiel ins spätere 16. bis mittlere 17. Jh., vor allem drei gewaltige Wellen um 1590, um 1630 und um 1660.[3]

Die Gründe der Verfolgung *sind mehrschichtig.*
Die Lebensbedingungen der Frauen gestalteten sich im Mittelalter vielseitig. Viele hatten die Möglichkeit, selbständig in unterschiedlichen Berufen zu arbeiten, da Frauen grundsätzlich von keinem Gewerbe ausgeschlossen waren. Die gesamte Heilkunde lag in den Händen von Frauen, Ärzte gab es kaum. Auch hatten sich in dieser Zeit einige selbständige (klösterliche) Frauengemeinschaften gebildet,

die z.T. seßhaft lebten, z.T. als Wanderpredigerinnen wirkten (»Beginen«).
Im Laufe des 14./15. Jahrhunderts wurden Frauen aus ihrer selbständigen Erwerbsarbeit zurückgedrängt, besonders weil sich aufgrund der beginnenden Arbeitslosigkeit starke soziale Spannungen ergaben. Männer begannen, Frauen aus dem Arbeitsbereich mit folgenden Argumenten hinauszudrängen:

Adrian Beier, der Lehrjung. Jena 1688 [4]
In bezug auf das Geschlecht schließen wir die Frauen aus, daß sie von keinem Meister in die Lehre genommen werden dürfen. Der Grund dafür ist, daß ihnen die Leitung der Familie unter der Oberleitung des Gatten anvertraut ist, daß es aber ungewiß ist, wer jener Zukünftige sein wird. Sicherer und dem Geschlecht angemessen ist es aber, sich um die Familie und Küche zu kümmern, den Durchschlag zu handhaben, zu waschen usw.
Es ist ferner besser, wenn die Handwerke von den Männern ausgeübt werden als von den Frauen, sowohl für das Lernen wie für das Lehren, da nicht alles zu Hause und in der Lehrzeit übermittelt und aufgenommen werden kann, sondern durch einen häufigeren und höheren Gebrauch, durch Erfahrung und Wanderung vervollständigt wird.

Auch die Heilkunde wurde allmählich durch männliche Ärzte erobert. Somit blieb den Frauen nur mehr die Familie als Arbeitsbereich: Heim, Herd und Mutterschaft galten als das Lebensfeld für Frauen. Für diese Entwicklung hat die Kirche wesentliche Argumente zur Unterstützung geliefert und Hilfestellungen geleistet. Die Ansicht z.B. des Thomas von Aquin über Frauen prägte das kirchliche Denken stark:

...(...) Bezüglich des ersten Punktes, warum in dem so gebrechlichen Geschlechte der Weiber eine größere Menge Hexen sich findet als unter den Männern, ist es nicht notwendig Argumente für das Gegenteil herzuleiten, da außer den Zeugnissen der Schriften und glaubwürdiger (Männer) die Erfahrung selbst solches glaubwürdig macht (...) und zwar sagen sie (...) daß sie (die Weiber) leichtgläubig sind: und weil

der Dämon hauptsächlich den Glauben zu verderben sucht, deshalb sucht er lieber diese auf(…)
In der Bibel heißt es, gleichsam das Weib beschreibend: »Ein schönes und zuchtloses Weib ist wie ein goldener Reif in der Nase der Sau.« Der Grund ist ein von der Natur entnommener: weil es fleischlicher gesinnt ist als der Mann, wie es aus den fleischlichen Unflätereien ersichtlich ist. Diese Mängel werden auch gekennzeichnet bei der Schaffung des ersten Weibes, indem sie aus einer krummen Rippe geformt wurde, d.h. aus einer Brustrippe, die gekrümmt und gleichsam dem Mann entgegen geneigt ist. Aus diesem Mangel geht auch hervor, daß, da das Weib nur ein unvollkommenes Tier ist, es immer täuscht (…)
Also schlecht ist das Weib von Natur, da es schneller am Glauben zweifelt, auch schneller den Glauben ableugnet, was die Grundlage für die Hexerei ist. Daher ist es auch kein Wunder, wenn die Welt jetzt leidet unter der Boshaftigkeit der Weiber.(…)
Schließen wir: Alles geschieht aus fleischlicher Begierde, die bei ihnen unersättlich ist. Darum haben sie auch mit den Dämonen zu schaffen, um ihre Begierden zu stillen(…)[5]

Hexenprozeß[6]

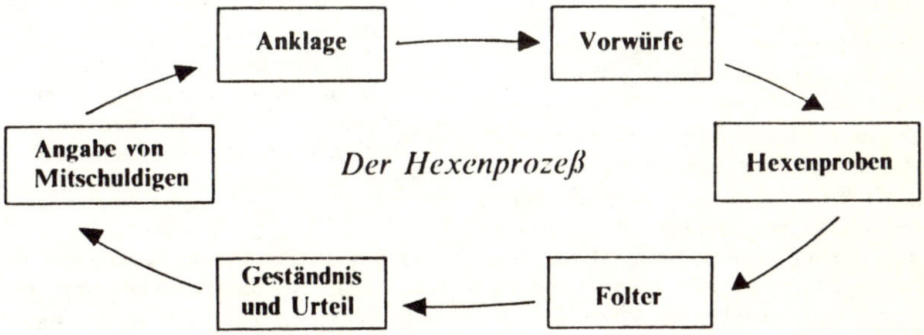

Anklage

Um eine Person vor das Hexengericht zu stellen, genügte die Denunziation, sogar durch Kinder. Wenn überhaupt ein Anwalt zugelassen wurde, war er vom Richter ausgewählt. Jeder Anwalt setzte sich jedoch der Gefahr aus, selbst als Mitglied der Hexen- oder Ketzersekte angeklagt zu werden. Zum Prozeß wurden nur Belastungszeugen zugelassen. Das Urteil stand also im Grunde schon bei Prozeßbeginn fest.

Vorwürfe

Das Material für die Vorstellungen von den „Hexentaten" stammte aus der antiken oder heidnischen Überlieferung, oder wurde direkt aus den Angeklagepunkten der französischen Ketzerprozesse übernommen. Sie verselbständigten sich zu einem festen Schema von Vorwürfen, die von Prozeß zu Prozeß weitergetragen wurden; oft dienten sie als Mittel, gesellschaftlich unbequeme Gruppen oder Personen auszuschalten (Jeanne d'Arc, Templerorden).

Hexenproben

Die Nadelprobe sollte feststellen, ob die Hexe das sogenannte Teufelsmal trug. Ein professioneller Hexenstecher suchte nach Warzen, Muttermalen usw. am Körper der Angeklagten, in die er mit langen Nadeln stach, denn das Stigma des Teufels sollte blutleer und unempfindlich sein. Um den Beweis sicherzustellen, benutzte er oft Messer mit einziehbarer Klinge.
Bei der Wasserprobe wurde die Angeklagte gefesselt und ins Wasser geworfen. Ging sie unter und ertrank, war ihre Unschuld bewiesen. Schwamm sie oben, war es Zauberei und sie stand mit dem Teufel im Bunde.

Auf der Hexenwaage wurde das Gewicht der Verdächtigen geprüft, denn ein Indiz für Hexen war ihre spezifische Leichtigkeit. War sie schwer, stand sie im Verdacht, die Waage verhext zu haben, denn jede Abweichung von den Erwartungen der Hexenrichter wurde als Teufelswerk ausgelegt.

Folter

Blieb die Angeklagte trotz schwerer Folter standhaft, war es ein Zeichen für ihr Teufelsbündnis und nicht für ihre Unschuld. Dann versprach man ihr Leben und Freiheit, wenn sie gestehe. Bekannte sie sich schuldig, war es ihr Todesurteil. Tat sie es nicht, wurde die Folter „fortgesetzt", denn Wiederholung der Folter war unzulässig. Eine Widerrufung der Aussagen nach der Folter und Beteuerung ihrer Unschuld wurde als Machwerk des Teufels angesehen.

Geständnis und Urteil

Das unter Folter erzwungene Geständnis beinhaltete die Vorwürfe, die man der Angeklagten bei Prozeßbeginn gemacht hatte. Das Urteil lautete in fast allen Fällen Tod durch das Feuer. Eine Milderung z. B. bei bußfertiger Haltung war die vorherige Erdrosselung.

Angabe von Mitschuldigen

Während der Folter wurde die Angeklagte aufgefordert, weitere Personen als Mitschuldige zu benennen. Oft sagte der Richter oder Folterknecht ihr die Namen seiner persönlichen oder politischen Feinde vor.
Dieses Verfahren führte zu einer schnellen Ausweitung der Hexenprozesse, immer mehr Personen wurden angeklagt. Damit schließt sich der Teufelskreis.

Welche Gründe gab es für das Aufkommen der Hexenverfolgungen? Welche Interessen steckten hinter der Verfolgung von Frauen?
Was verstehen Sie unter einer »Hexe«? Wer ist für sie eine »Hexe«? Welche Merkmale sind für Hexen typisch?
Bedenken Sie gemeinsam den Ablauf solcher Hexenprozesse. Überlegen Sie auch, welche Möglichkeiten es für die Verfolgten gab, der Folter und dem Tod zu entkommen? Welche anderen Personen hätten einer Frau im Verlauf eines solchen »Prozesses« helfen können?

Verweis:
Eigenständige, engagierte Frauen – gefährliche Frauen?
Worin liegt die Bedrohung von eigenständigen Frauen? Wieso wird auch heute noch oft über selbstbewußte, starke Frauen »schlecht« geredet?
Vergleichen Sie den Hinweis beim biblischen Thema »Judit« (S. 173ff.).

»Heilige« sind nicht nur Männer!

Ein Blick in das römische Heiligenverzeichnis möchte uns weismachen: Männer sind heiliger als Frauen. Oder wie könnten wir es sonst verstehen, daß 204 heilige Männer im Vergleich zu nur 41 heiligen Frauen im Meßbuch genannt werden? Dabei sind von diesen 41 Frauen nur vier weder Märtyrerinnen noch Ordensfrauen noch Adelige: Anna, Martha, Maria Magdalena, Monika.

Fazit: Auch heute noch gelten Frauen in der Kirche vielfach als »unrein« und des Heiligen unwürdig. Welche Gründe finden Sie für diese Ungleichheit?

Warum trage ich diesen meinen Vornamen?
Suchen Sie nach Informationen über IhreN NamenspatronIn.
Setzen Sie sich mit Ihrer Namenspatronin bzw. Ihrem Namenspatron mit folgenden Fragen auseinander:

Fragen[7]

Zur Heiligen (Heilige Männer sind mitgemeint):
Wie wurde sie charakterisiert?
Zu welcher Zeit lebte sie?
Was hat sie zu der Zeit ausgezeichnet?
War sie ledig, verheiratet, verwitwet?
War sie Klosterfrau, in welchem Orden?
Welche Aufgaben hatte sie?
Wodurch hatte sie sich ausgezeichnet?
War sie Märtyrerin, welche Eigenschaften wurden ihr zugesprochen?
Was hat sie heilig gemacht?
Und wer hat sie heilig gemacht?
Wie war sie wirklich?

Ich zu Ihr:
Möchte ich mit einer solchen Frau befreundet sein?
Was gefällt mir an ihr, was mißfällt mir?
Ist mir ihre Geschichte glaubwürdig?
Was ist wahrscheinlich übertrieben?
Was fällt mir besonders an ihrer Legende auf?
War sie eine typische Frau, für mich, auch nach heutigen Gesichtspunkten?
Wie hätte ich sie gerne anders?

Sie zu mir:
Was will sie mir sagen? Kann sie mir heute noch was sagen?
Würde ich ihrem Bild von Frau entsprechen?
Was an mir würde ihr gefallen, mißfallen?
Was müßte ich tun, nicht tun, um ihr zu gefallen?

»Vorbilder«[8]

Eine andere Frage – besonders wenn mir meine Heilige nicht besonders zusagt – ist, welche Frauen gab, gibt es noch mit meinem Namen. Welche gefällt mir besser?
Wenn manche einen Namen haben, der von einem männlichen Heiligen abgeleitet ist, können sie sich die Wesenszüge des Heiligen für sich überlegen oder sich an andere Frauengestalten aus der Geschichte halten, die ihren Namen trugen. Vielleicht kommt das Thema dann auch auf meine konkreten Vorstellungen über Frauen und welche Frauen mir Leitbilder sein könnten.
Was will ich als Frau erreichen?
Will ich überhaupt Frauen als Vorbilder?
So, um nicht mit lauter Fragen zu schließen: Frauen sind mehr als nur entweder heilig oder sündig, fromm oder nicht fromm, Hausfrau oder Karrierefrau, Mutter oder Berufstätige, verheiratet oder ledig. Frauen sind Frauen und sind stark! Und wenn manche ärgerlich sind über ihre Heilige: Tröstet euch, vielleicht sind die Frauen ganz anders gewesen, denn nur Männer sprechen heilig, entscheiden, was und wer heilig sein soll.

Hildegard von Bingen

Ältere, religiöse Menschen kennen sie ebenso wie Feministinnen, Mediziner wie junge Benediktiner, Sinnsuchende ebenso wie Hobby-KöchInnen: Hildegard von Bingen. In mittelalterlicher Sprache finden wir bei ihr kosmische Visionen, scharfe Worte gegen kirchliche Fehlentwicklungen und makrobiotische Rezepte, homöopathische Diagnosen und Anwendungen heilender Mineralien. Sie ist beides: Heilige und Heilende.

Geboren 1098 als zehntes Kind eines »Edelfreien«, wurde sie von ihren Eltern, wie sie selbst sagt, »mit Seufzern Gott geweiht«. Mit acht Jahren wurde sie »Inklusin«, Eingeschlossene in einem kleinen Kloster, das an ein Benediktinerkloster angebaut war. Die Verbindung mit der Welt war nur durch ein Fenster zur Klosterkirche möglich. Die Nonne Jutta von Sponheim war ihre Lehrerin – und auch Ersatzmutter. Sie lernte Latein, Theologie, Klostermedizin und Kräuterkunde. Im Vergleich zur Bildung in den damaligen Männerklöstern war diese Ausbildung geringer, verglichen mit den Möglichkeiten für Frauen hingegen groß. Viele Menschen kamen zu den Klausnerinnen (wie diese Nonnen genannt wurden), erzählten von ihren Nöten und Sorgen, um sich helfen, heilen und beraten zu lassen. Mit 16 Jahren wurde Hildegard Benediktinerin, nach dem Tod Juttas von Sponheim wurde sie Äbtissin des Konvents, bis sie 1150 ihr erstes Kloster am Rupertsberg gründete.

Ihre Visionen waren es, die Hildegard von Bingen berühmt machten. Als Dreijährige hatte sie ein überwältigendes Licht gesehen, ab dem fünften Lebensjahr wiederholten sich die »Erscheinungen«, aber erst mit 42 Jahren hatte sie ihre erste Vision.[9]

»Gebrechlicher Mensch, Staub vom Staube der Erde, Asche von Asche, rufe und sage, wie man in die Erlösung, die alles wiederherstellt, eingeht, damit die unterrichtet werden, die, obgleich sie den innersten Gehalt der Schriften kennen, ihn dennoch nicht aussprechen oder verkünden wollen. Denn sie sind lau und schwerfällig, die Gerechtigkeit Gottes zu beobachten.«[10]

Ihre häufigen Krankheiten waren verbunden mit ihren Visionen. Immer, wenn sie zögerte und zweifelte, ihren »geschauten« Auftrag auszuführen, plagten sie Krankheiten, die sie zeitweise geh- oder sprechunfähig machten. Erst das Nachkommen und Erfüllen ihrer Aufgaben führten zur Heilung.

»Und ich hörte aus dem vorerwähnten lebendigen Feuer eine Stimme, zu mir sprechend: O du, die du bist armselige Erde und unter dem Namen Weib ungelehrt in jeglicher Lehre fleischlicher Magister, ungelehrt zu lesen Schriften mittels des Verstandes der Philosophen, sondern nur angerührt von meinem Licht, das dich zuinnerst berührt mit einem Feuer wie die glühende Sonne, schreibe und erzähle erschöpfend und schreibe diese meine Mysterien, die du siehst und hörst in mystischer Schau. Wolle also nicht furchtsam sein, sondern sage das, was du erkennst im Geist, auf die Weise, wie ich es durch dich rede, damit diejenigen Schamgefühl erleben, die meinem Volk den richtigen Weg zu zeigen schuldig wären, aber sich um der Leichtfertigkeit ihrer Lebensführung willen weigern, die Gerechtigkeit offen auszusprechen, die sie doch kennen, nicht willens, von ihren schlechten Begierden zu lassen.«[11]

Die Angst vor der Niederschrift ließ sie Rat suchen bei Volmar, einem vertrauten klugen Mönch, der ihr Mut machte und sie unterstützte. 1147 erhielt sie die Bestätigung ihrer Rechtgläubigkeit durch den Papst. In der Folge schrieb sie theologisch-mystische Schriften, Lieder und Hymnen, naturkundliche und medizinische Texte.
Hildegard betont das Einssein des Menschen mit der Welt, der Weg des Menschen in seiner Verbundenheit mit dem Kosmos und die Ganzheit allen Lebens. Alle Dinge der Natur haben ihre Entsprechung im Menschen; wenn der Gleichklang zwischen Mensch, Natur und Gott gestört ist, kommt es zur Krankheit, die nur durch Ganzwerden wieder zu heilen ist. Dies beinhaltet Freude am Leben und an der Liebe, am Lernen und an der Natur ebenso wie eine grundlegende Reform der Kirche.

Ihre Zeit war alles andere als problemlos. Kreuzzüge erschütterten ganz Europa und brachten auch in Deutschland Judenpogrome mit sich. Die Bekämpfung radikaler WanderpredigerInnen (Katharer) führte zu schrecklichen Verfolgungen und sogar Kriegen (Albigenserkriege im 13. Jahrhundert). Hildegard wetterte gegen die Bequemlichkeit der ChristInnen und besonders des Klerus, trotzte der Kirchenbehörde und ihren unmenschlichen Weisungen, sagte Kirchenfürsten ihre Meinung und widersprach sogar dem Kaiser. Vielen Menschen half sie auf ihren zahlreichen Pastoralreisen und im Kloster.

Im (damals sehr) hohen Alter von 82 Jahren starb Hildegard am 17.9.1179, wunderbare Erscheinungen werden von ihrem Todestag berichtet. Das Volk sah über ihrem Kloster ein Lichtkreuz am Himmel stehen. Auch wenn die offizielle Kirche ihre Heiligsprechung verschleppte, wurde sie dennoch im 16. Jahrhundert ins römische Heiligenverzeichnis aufgenommen.

»Alsdann sah ich ein überhelles Licht und darin eine saphirblaue Menschengestalt, die durch und durch im sanften Rot funkelnder Lohe brannte. Das helle Licht durchflutete ganz die funkelnde Lohe und die funkelnde Lohe ganz das helle Licht. Und (beide), das helle Licht und die funkelnde Lohe durchfluteten ganz die Menschengestalt, (alle drei) als *ein* Licht wesend in *einer* Kraft und Macht.«[12]

Hildegard heute:

Was fasziniert mich am Leben von Hildegard? Was ist mir schwer verständlich? Was möchte ich noch wissen über sie?
Sammeln Sie Ihre Eindrücke und Fragen, um sie gemeinsam oder mit einer »Expertin« bzw. einem »Experten« zu klären.
In welchen Bereichen ist mir Hildegard Vorbild? Was möchte ich für mein Leben von ihr lernen?
Je nach Interesse, kann eine Gruppe auch Bücher über Hildegards medizinische Kenntnisse und Kochkünste gemeinsam durchsehen und einzelne Rezepte in einem »Hildegard«-Essen ausprobieren.
Zu diesem »Hildegard-Essen« können auch FreundInnen, Bekannte, Gemeindemitglieder... eingeladen werden, die bei dieser Gelegenheit anhand von Plakaten, Informationsblättern o.ä. einiges über das Leben und Wirken von Hildegard erfahren.

Das Bild »Die wahre Dreiheit in der wahren Einheit« kann als Meditation mit viel Ruhe betrachtet werden. Anschließend sagen die TeilnehmerInnen alles, was sie auf dem Bild sehen, was ihnen daran auffällt, was die Farben für sie bedeuten…
In einem letzten Schritt können Gebetsgedanken zum Bild formuliert werden, sei es als vorgegebenes Gebet (evtl. ein Gebet oder Hymnus von Hildegard selbst) oder als frei formulierte Gebete.[13]

Katharina von Siena

In das krisenvolle 14. Jahrhundert (1347) wird Caterina als 23. Kind in die Färberfamilie Benincasa hineingeboren. Die Pest wütet in Europa und rafft dahin, wen sie nur kann. Doch auch die politische und religiöse Lage war von Spannungen geprägt. Aus politischen Motiven verläßt Papst Gregor IX. Rom und wählt sich Avignon zum Gegen-Rom. Als Gipfel dieser Zerrüttung kommt ein zweiter Papst an die Macht. Orientierungslosigkeit und Verwirrung greifen in vollen Zügen um sich. In diese Situation hineingeboren werden heißt, Spannungen an allen Ecken und Enden zu sehen, zu erleben…
Im 7. Lebensjahr begegnet Caterina Christus in einer Vision. »Und wie sie ging und in den Himmel schaute, da sah sie (…) eine nicht allzu große Bogenhalle. Darin saß (…) Christus in hellweißen Bischofsgewändern (…). Lächelnd schaute er das Mädchen an«.[14] Diese Begegnung verändert ihr Leben von Grund auf. Mit rasiertem Kopf als Zeichen ihrer religiösen Ergriffenheit will sie ihrer Familie ihre Zukunftspläne deutlich machen. Sie äußert ihren Wunsch, dem dominikanischen Laienorden angehören zu wollen, der jedoch hauptsächlich aus älteren und verwitweten Frauen bestand. Der Orden verwehrt Caterina den Eintritt mit den Begründungen, sie sei zu jung und zu schön. Caterina reagiert auf dieses Verbot mit einer Krankheit (psychosomatischer Art?), die sie entstellt. Ihre Familie und der Orden geben daraufhin nach. Caterina wird 1364 Mantellatin, wohnt jedoch weiterhin im Haus ihrer Eltern. In den folgenden drei Jahren zieht sich Caterina völlig schweigend in ihr Zimmer zurück und verläßt es nur, um den Gottesdienst zu besuchen. In dieser Zeit erlebt sie weitere Christusvisionen. Mit 21 Jahren tritt Caterina aus ihrer selbstgewählten Stille an die Öffentlichkeit; sie unterstützt vor allem die Ärmsten der Stadt. Viele Frauen und Männer sind von ihrem Engagement und ihrer tätigen Lebensweise fasziniert, es bildet sich rasch eine »Familie« um sie herum. Ihre Ausstrahlung verursacht aber auch Mißtrauen und Neid, so daß sie auf Anordnung der Ordensführung 1374 nach Florenz zitiert wird. Caterina kann jeglichen Verdacht zerstreuen. Ab diesem Zeitpunkt wird der Dominikaner Raimund von Capua ihr geistlicher

Begleiter. Caterina tritt aus ihrer caritativen Arbeit heraus und wendet sich nun an politische und religiöse Persönlichkeiten, kritisiert direkt und unverblümt deren Verderbtheit.

»So möchte ich Sie wahrhaftig nicht sehen, mein bester, teuerster, hochwürdiger Vater in Christus Jesus! Ich beschwöre Sie, seien Sie ein echter Bischof, der sein Leben für Seine Schafe dahingibt! Deshalb sagte ich eingangs, wie sehr ich wünschte, Sie möchten sich vom Schlaf der Lauheit erheben! Wer schläft, sieht nichts und hört nichts. Und doch ist es so notwendig, klar zu sehen und zu hören. Denn Sie haben darüber Rechenschaft abzulegen, und Sie stehen mitten unter unsern Todfeinden, die da sind unser eigenes Fleisch, der böse Feind und die Lockungen der Welt. Die Notwendigkeit Ihres eigenen Heiles verlangt, daß Sie aufstehen und die wahren Hirten erleuchtet nachahmen. Nähren Sie sich mit der Liebe, dieser süßen Mutter! Sie wird Ihnen alle Menschenfurcht und allen Kleinmut nehmen und Ihnen Starkmut, Weite und Herzensfreiheit schenken. Sie wird Sie, so in Gott gefestigt und geformt, mit ihm vereinigen. Er ist ja die Liebe: ›Wer in der Liebe bleibt, der bleibt in Gott und Gott in ihm‹ (1 Joh 4,16).«[15]

»Ich will schweigen von den Laien, von denen nur wenige gutwillig sind. Aber der Weltklerus, die Religiosen und vor allem die Bettelorden, die doch von der süßen Braut Christi dazu bestellt sind, die Wahrheit öffentlich zu verkünden, sie verraten und ertränken sie auf der Kanzel. Ich fürchte, meine Sünden sind daran schuld. Man hat das Interdikt gebrochen. Nicht nur, daß Sie den gutwilligen Teil des Klerus überreden, guten Gewissens zu zelebrieren, und die Laien, beizuwohnen. Sie verkünden sogar, daß man anderenfalls sündige. So haben Sie das Volk zur Spaltung gebracht. Es ist ein wahrer Jammer, wenn man nur daran denkt, und gar, wenn man es sieht. Und warum tun Sie das? Aus feiger Menschenfurcht und Gefallsucht und aus Verlangen nach dem Meßstipendium. Ach, ich sterbe und kann es doch nicht, wenn ich zusehen muß, wie jene, die doch für die Wahrheit sterben müßten, dieser Wahrheit bar sind.«[15a]

Mit 33 Jahren stirbt sie, unglücklich über die Zerrissenheit ihrer Welt.

Katharina heute:

Katharina verwirklicht in ihrem Leben, was sie sich in den Kopf gesetzt hat. Darin kann sie uns ein Vorbild sein!
Was haben wir als so richtig erkannt, daß wir es auch gegen Widerstände durchsetzen wollen?

Katharina mischt sich in öffentliche und kirchliche Probleme ein. Dabei legitimiert sie sich nicht durch Ausbildung, Titel oder Ämter. Wenn wir das auf unsere kirchlichen und politischen Gemeinden übertragen:
Welche Konsequenzen hat dies für unseren Umgang?

Teresa von Avila

Zwei Jahre, nachdem Paul VI. Teresa zur Lehrerin der Kirche ernannt hatte, sollen Frauen – nach seinen Aussagen – nicht einmal berechtigt sein, den Altarraum zu betreten und etwas vorzulesen:
»Nach einer verehrungswürdigen Tradition der Kirche ist das Amt des Lektors und Akolythen den Männern vorbehalten. Eine Frau kann ausnahmsweise – falls kein Mann vorhanden ist – außerhalb des Altarraumes zum Lektorendienst zugelassen werden« (15.8.1972).[16]

Wie wird in Ihrer Gemeinde von Frauen geredet? Welchen Wert wird Ihnen zugesprochen?
Wie sieht es im Vergleich dazu mit den konkreten Aufgaben von Frauen aus?
Welche Einschränkungen erleben Sie in Ihrer Gemeinde und Diözese?

Teresa von Avila wurde 1515 in der Nähe von Avila geboren, ihre Mutter stammte aus dem spanischen Stadtadel, ihr Vater war (wahrscheinlich) Halbjude, da sich ihr Großvater unter dem Druck der spanischen Inquisition zwangsbekehrt hatte. Gegen den Willen ihres Vaters (ihre Mutter starb 1528), tritt sie 1535 in das Karmel-Kloster Santa María de la Encarnación in Avila ein, wo sie zwei Jahre später Profeß ablegt. Immer wieder erkrankt sie schwer, (psychosomatische?) Leiden begleiten sie das ganze Leben. Nach 18 Jahren im Kloster ohne wirklichen inneren Frieden, erfährt sie 1554 ein umwerfendes religiöses Erlebnis, aus dem sie Kraft schöpft und das sie zu einer Persönlichkeit mit eigener Identität und starkem Glauben reifen läßt.
Sie tat Dinge, die ihr nach dem Urteil der damaligen Kirche als Frau nicht zustanden. Sie lehrte Menschen das Gespräch mit Gott, sie schrieb Bücher über ihre spirituellen und mystischen Erfahrungen (deren Veröffentlichung von der Inquisition verboten wurde); sie übte in vieler Hinsicht Zeit- und Kirchenkritik, sie wehrte sich gegen eine Religion, die den Menschen Angst macht, sie betonte die Verantwortung des Menschen dem eigenen Gewissen und der inneren Einsicht gegenüber.

Mit Hilfe ihrer FreundInnen (u.a. Johannes vom Kreuz) gründete sie siebzehn Frauen- und ein, vielleicht auch zwei Männerklöster. Ihr erstes Reformkloster entstand 1562: die Frauen leiten ihre Klöster selbst, die Priorin und die Schwestern bestimmen auch das geistliche Leben; in kleinen Gruppen von dreizehn Schwestern soll das Miteinander wie im Evangelium gelebt werden (können), Armut, Gebet und dieses gemeinsame Leben prägen den Alltag; nicht Gehorsam, sondern die Entwicklung der eigenen Persönlichkeit und des Glaubens stehen im Mittelpunkt.

Gründung, Leitung und Reform eines Ordens waren nach damaliger Sicht Sache von Männern, nicht von Frauen. Immer wieder wurde Teresa angegriffen, abgewertet, mißachtet; durch den Erfolg wuchsen auch die Widerstände, besonders im männlichen Orden. 1575 kam es zu massiven Schwierigkeiten, die Teresas engste MitarbeiterInnen ins Gefängnis brachten und sie selbst zum Aufgeben ihrer Gründungstätigkeit zwangen. Der Nuntius von Spanien sagte 1578 von ihr: »Sie sei eine ruhelose Vagabundin, widerspenstig und verstockt, die unter dem Deckmantel der Frömmigkeit schlechte Lehrer findet!«[17]

Ihre eigene Sichtweise war eine andere:

»Herr meiner Seele! Als Du noch in dieser Welt wandeltest, hast Du den Frauen immer deine besondere Zuneigung bewiesen. Fandest Du doch in ihnen nicht weniger Liebe und Glauben als bei den Männern. Auch befand sich ja unter ihnen deine Heilige Mutter, deren Verdienste uns zukommen und deren Habit wir tragen. Die Welt irrt, wenn sie von uns verlangt, daß wir nicht öffentlich für Dich wirken dürfen, noch Wahrheiten aussprechen, um deretwillen wir im Geheimen weinen, und daß Du, Herr, unsere gerechten Bitten nicht erhören würdest. Ich glaube das nicht, Herr, denn ich kenne Deine Güte und Gerechtigkeit, der Du kein Richter bist wie die Richter dieser Welt, die Kinder Adams; kurz nichts als Männer, die meinen, jede gute Fähigkeit bei einer Frau verdächtigen zu müssen. Aber es wird der Tag kommen, mein König, wo dieses alles bekannt wird. Ich spreche hier nicht für mich selbst, denn die Welt kennt meine Schlechtigkeit, und das ist mir lieb. Aber ich werfe unserer Zeit vor, daß sie starke und zu allem Guten begabte Geister zurückstößt, nur weil es sich um Frauen handelt.«[18]

Durch die Ernennung eines eigenen Generalvikars erlangen die »Unbeschuhten Karmeliten/Karmelitinnen« Eigenständigkeit, bereits 1581 wird der erste Provinzial der spanischen Provinzen gewählt. Kurz danach, am 4.10.1582 (= 15.10. nach dem gregorianischen Kalender), stirbt Teresa.

1970 wird Teresa als erste Frau zur Doctor Ecclesiae, zur Kirchenlehrerin erklärt; damit ist offiziell, daß es nicht mehr als ein Privileg von Männern angesehen werden kann, die Kirche als solche zu lehren. Auch der Satz aus dem Paulusbrief, daß Frauen in der Kirche zu schweigen hätten, wird damit von Rom selbst als zeitbedingt endgültig überwunden. »Das Charisma der Lehre, und zwar gerichtet an die Kirche als solche, ist kein Privileg des Mannes. Die Vorstellung, als ob die Frau die in geistiger und religiöser Hinsicht Unbegabtere sei, wird damit verworfen. (...) Man sage nicht: Teresa ist eine Ausnahme. Denn alle Kirchenlehrer, auch die Männer unter ihnen, sind Ausnahmen.«[19]

Zur Arbeit mit diesem Kapitel

Uns ist bei der Arbeit mit diesem Kapitel aufgefallen, daß das Aufspüren der Aktualität der besprochenen Frauen nicht leicht ist. Wenn das Vorurteil der »staubigen« Geschichte beiseite geschoben wird, kommen jedoch sehr lebendige und interessante Persönlichkeiten zur Sprache, die auch für heute Vorbilder sein können.
Es ist wichtig, die Bedeutung von Frauengeschichte hervorzuheben, ohne dem Zwang zu erliegen, jeden Aspekt der Kirchengeschichte sofort aktualisieren zu müssen. Das Bewußtsein soll geweckt werden, daß die Probleme der Frauenunterdrückung nicht erst durch die Frauenbewegung des 19. und 20. Jahrhunderts formuliert und in die Öffentlichkeit gebracht worden sind. Zugleich kann durch das Aufdecken der langen Geschichte viel Kraft und Selbstbewußtsein wachsen, denn »ohne Wurzeln« gibt es meist nur einen unsicheren Standort.

Daß Kirchengeschichte sehr lebendig weitergegeben werden kann, zeigt besonders das Kapitel über Hildegard von Bingen: Feste, Ausstellungen, (fingierte) Interviews u.ä. bietet sich ebenso an wie die bekannten Methoden inhaltlicher Auseinandersetzung.

Gerade das Thema der Hexen zeigt die ganze Dramatik und Tragik einer frauenfeindlichen Geschichte. Mit viel Geduld und Einfühlungsvermögen ist ein Herantasten an diese grausame Verfolgung von Frauen – vor allem durch (Kirchen-)Männer – aufzuarbeiten. Dabei sind Parallelen in der Gegenwart zu suchen (z.B. die Berichte der Gefangenenhilfsorganisation amnesty international über die Verfolgung von Frauen) und die Konsequenzen für unser Handeln deutlich zu machen. Aus Angst vor Konfrontation mit diesen Verbrechen muß immer wieder mit Verharmlosung und Ablehnung gerechnet werden.

6. Was wäre Mose ohne Frauen

Frauen in der Bibel

…denn sie wissen nicht, wo es steht.

Frauen der Bibel

Sammeln Sie spontan alle Personen, die Sie aus der Bibel kennen. Wie viele sind davon Männer, wie viele Frauen?

1. Sara, die Frau Abrahams, die mit 90 Jahren noch einen Sohn gebar, wird 56 mal genannt.
2. Rahel, eine der Frauen Jakobs, war ihm lieb und teuer: er mußte viele Jahre bei seinem zukünftigen Schwiegervater arbeiten, bevor er sie heiraten durfte. Sie wird 47 mal erwähnt.
3. Lea war Jakobs erste Frau. 34 mal wird ihr Name genannt.
4. Rebekka, die Frau Isaaks und Mutter von Esau und Jakob, kommt 31 mal vor.
5. Eine Frau, die nicht so bekannt ist, wird 23 mal genannt: Isebel, die Frau des Königs Ahab.
6. Maria, die Mutter Jesu, wird nur 19 mal erwähnt.
7. Abigail, eine Frau des Königs David: 15 Nennungen.
8. Auch Miriam, die Schwester Moses, wird 15 mal genannt.
9. Die beiden letzten Damen werden jeweils 14 mal genannt: Maria Magdalena, die Sünderin, und
10. Hagar, eine Nebenfrau Abrahams und Mutter Ismaels.

Aber: Eva, die Urmutter der Menschheit, kommt nur 4 mal in der Heiligen Schrift vor!

1. Sara war Rebekkas Schwiegermutter (Gen 21,3/ 24,67).
2. Rebekka war Leas und Rahels Schwiegermutter (Gen 29,21-28).
3. Die Mutter des Mose, Jochebed, war Zipporas Schwiegermutter (Num 26,59)
4. Naomi war die Schwiegermutter von Ruth und Orpa (Rut 1,14).
5. Ahinoam, König Sauls Frau, war auch Davids Schwiegermutter (1Samuel 14,50).
6. Die Königin Isebel war die Schwiegermutter von König Joram (1Könige 21,4-5/ 2Könige 8,16-18).
7. Die Königin Atalja war die Schwiegermutter Zibjas, der Frau von Ahasja (2Chronik 22,10-12/ 24,1).
8. Die Schwiegermutter des Petrus wurde vom Fieber geheilt, als Jesus ihre Hand berührte (Matthäus 8,14-15).[1]

Den Frauen Rut, Ester und Judit sind im Alten Testament eigene Schriften gewidmet.

Von welchen der genannten Frauen haben Sie noch nie gehört? Schlagen Sie die entsprechenden Stellen nach, lesen Sie diese und tauschen Sie gemeinsam wichtige Ereignisse aus deren Leben aus.

Fragen einer Bibelleserin[2]

Bert Brecht hat in seinem Gedicht
»Fragen eines lesenden Arbeiters«
nach dem kleinen Mann gesucht,
der den Großen erst ermöglichte,
Geschichte zu machen.
Aber hat hinter dem kleinen Mann
nicht oft genug eine noch kleinere Frau gestanden?
Aus dem Schatten des Schattens
hole ich sie mir
mit meinen Fragen.

Simon Petrus, Sohn des Jonas,
wie hieß wohl deine
namenlose Schwiegermutter? Mk 1,29-31

Chuzas, Beamter des Herodes
und Ehemann der Jüngerin Johanna,
hat sie deiner Karriere geschadet? Lk 8,3;24,10

Simon, gesetzestreuer Frommer,
hast du dir das Vorbild der Frau zu Herzen genommen,
deren Handeln Jesus mit deinem vergleicht? Lk 7,36-50

Jakobus und Johannes, Söhne des Zebedäus,
die ihr Ehrenplätze im Gottesreich begehrt habt,
über wen wolltet ihr wohl herrschen? Mk 10,35-37

Die vier prophetischen Schwestern,
Töchter des Philippus,
hatten sie nicht auch eine Mutter? Apg 21,9

Diakon Stephanus
wer bediente dich zu Hause,
wenn du von deinem Dienst zurückkamst? Apg 6

Priska und Aquila
wer hat eure Kinder betreut Apg 18,26;
während eures apostolischen Wirkens? Röm 16,3

Keine Antwort auf diese Fragen.
Wer soll schon bedacht haben,
sie würden einmal interessieren.
Es handelte sich ja schließlich doch
nur um Frauen.

Wenn wir wenigstens daraus lernen,
wie schnell, wie leicht
damals wie heute
in Vergessenheit gerät,
daß es einen gegeben hat,
der sie ernst nahm
und herausholte
aus dem Schatten des Schattens.

Anregungen zur Vertiefung:

Welche Frauen der Bibel kennen Sie? Sammeln Sie alle Namen und Begebenheiten von biblischen Frauengestalten, die Ihnen einfallen.
Lesen Sie einzelne Stellen in der Bibel nach und vergleichen Sie Ihr Wissen mit den jeweiligen Bibeltexten. Was ist Ihnen daran überraschend, neu und unbekannt, was unklar und fraglich...?

Lied von der Frauenkette

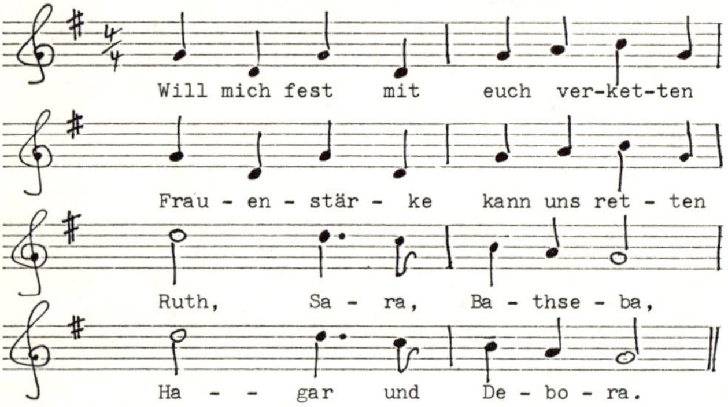

2)
Will mich fest mit euch verbinden
meinen Platz im Kranze finden.
Martha und Lydia
du Frau aus Magdala.

3)
Gott, die Frau hat uns geladen
mitzuspinnen am Lebensfaden.
Karin, Mirjam, Zippora
Conny und Barbara.

4)
Laßt ein buntes Band uns weben
Lebensfreude weitergeben.
Anne und Salome
Christa und Dorothee.

5)
Fest geflochten durch die Zeiten
hält das Seil in Ewigkeiten.
Ulla, Angelika
wir singen Gloria.

Wenn Frauen sich bekämpfen…

Sara und Hagar (Genesis 16, 1-15 und Genesis 21, 9-21)

In der Geschichte des Volkes Israel werden die Erzmütter (Sara, Rebekka, Lea und Rahel) neben den Erzvätern (Abraham, Isaak und Jakob) in Erinnerung gebracht. Und doch werden nach wie vor Frauen am Rande – wie z.B. die Ausländerin Hagar, die ägyptische Sklavin Saras – vergessen. Hagar steht nach altorientalischer Sitte mit Haut und Haar, mit Leib und Leben ihrer Herrin zur Verfügung. Da Sara bis dato kein Kind von Abraham bekommen hatte, wird Hagar dessen Konkubine und Mutter seines Erstgeborenen. Die Schwangerschaft Hagars bringt massive Konflikte in das Leben der beiden Frauen; wegen der Demütigungen durch Sara flieht Hagar in ihrer Verzweiflung in die Wüste. Dort erfährt sie als einzige Frau im Alten Testament Gott in menschlicher Gestalt; damit wird uns vor Augen geführt, daß auch die Menschen am Rande nicht aus Gottes Fürsorge und Zuwendung fallen.

Genesis 16,1-15

Sarai, Abrams Frau, hatte ihm keine Kinder geboren. Sie hatte aber eine ägyptische Magd namens Hagar. Sarai sagte zu Abram: Der Herr hat mir Kinder versagt. Geh zu meiner Magd! Vielleicht komme ich durch sie zu einem Sohn. Abram hörte auf sie. Sarai, Abrams Frau, nahm also die Ägypterin Hagar, ihre Magd – zehn Jahre, nachdem sich Abram in Kanaan niedergelassen hatte –, und gab sie ihrem Mann Abram zur Frau. Er ging zu Hagar, und sie wurde schwanger. Als sie merkte, daß sie schwanger war, verlor die Herrin bei ihr an Achtung. Da sagte Sarai zu Abram: Das Unrecht, das ich erfahre, komme auf dich. Ich habe dir meine Magd überlassen. Kaum merkt sie, daß sie schwanger ist, so verliere ich schon an Achtung bei ihr. Der Herr

entscheide zwischen mir und dir. Abram entgegnete Sarai: Hier ist deine Magd; sie ist in deiner Hand. Tu mit ihr, was du willst. Da behandelte Sarai sie so hart, daß ihr Hagar davonlief.
Der Engel des Herrn fand Hagar an einer Quelle in der Wüste, an der Quelle auf dem Weg nach Schur. Er sprach: Hagar, Magd Sarais, woher kommst du, und wohin gehst du? Sie antwortete: Ich bin meiner Herrin Sarai davongelaufen. Da sprach der Engel des Herrn zu ihr: Geh zurück zu deiner Herrin und ertrag ihre harte Behandlung! Der Engel des Herrn sprach zu ihr: Deine Nachkommen will ich so zahlreich machen, daß man sie nicht zählen kann. Weiter sprach der Engel des Herrn zu ihr: Du bist schwanger, du wirst einen Sohn gebären und ihn Ismael (Gott hört) nennen; denn der Herr hat auf dich gehört in deinem Leid.

Er wird ein Mensch sein wie ein Wildesel.
Seine Hand gegen alle, die Hände aller gegen ihn!
Allen seinen Brüdern setzt er sich vors Gesicht.

Da nannte sie den Herrn, der zu ihr gesprochen hatte: El-Roï (Gott, der nach mir schaut). Sie sagte nämlich: Habe ich hier nicht nach dem geschaut, der nach mir schaut? Darum nannte sie den Brunnen Beer-Lahai-Roï (Brunnen des Lebendigen, der nach mir schaut). Er liegt zwischen Kadesch und Bered.
Hagar gebar dem Abram einen Sohn, und Abram nannte den Sohn, den ihm Hagar gebar, Ismael. Abram war sechsundachtzig Jahre alt, als Hagar ihm Ismael gebar.

In Genesis 21 spitzt sich der Konflikt zwischen Hagar und Sara zu. Durch die Geburt des Erstgeborenen Ismael hat sich der Status Hagars so verändert, daß sie ihre Rolle als Sklavin der Sara nicht mehr akzeptiert. Da Sara inzwischen Isaak, ihren von Gott verheißenen Sohn, bekommen hat, veranlaßt sie Abraham, ihre Konkurrentin Hagar und deren Sohn gegen das geltende Gesetz fortzuschicken. Denn Sara will die Verheißungen ausschließlich an ihren Sohn Isaak weitergeben. Trotzdem rettet Jahwe Hagar und Ismael, und unter seiner Zusage werden sie zu einem großen Volk.

Genesis 21,9-21

Eines Tages beobachtete Sara, wie der Sohn, den die Ägypterin Hagar Abraham geboren hatte, umhertollte. Da sagte sie zu Abraham: Verstoß diese Magd und ihren Sohn! Denn der Sohn dieser Magd soll nicht zusammen mit meinem Sohn Isaak Erbe sein. Dieses Wort verdroß Abraham sehr, denn es ging doch um seinen Sohn. Gott sprach aber zu Abraham: Sei wegen des Knaben deiner Magd nicht verdrossen! Hör auf alles, was dir Sara sagt! Denn nach Isaak sollen deine Nachkommen benannt werden. Aber auch den Sohn der Magd will ich zu einem großen Volk machen, weil auch er dein Nachkomme ist. Am Morgen stand Abraham auf, nahm Brot und einen Schlauch mit Wasser, übergab beides Hagar, legte es ihr auf die Schulter, übergab ihr das Kind und entließ sie. Sie zog fort und irrte in der Wüste von Beerscheba umher. Als das Wasser im Schlauch zu Ende war, warf sie das Kind unter einen Strauch, ging weg und setzte sich in der Nähe hin, etwa einen Bogenschuß weit entfernt; denn sie sagte: Ich kann nicht mit ansehen, wie das Kind stirbt. Sie saß in der Nähe und weinte laut. Gott hörte den Knaben schreien; da rief der Engel Gottes vom Himmel her Hagar zu und sprach: Was hast du, Hagar? Fürchte dich nicht, Gott hat den Knaben dort schreien gehört, wo er liegt. Steh auf, nimm den Knaben und halt ihn fest an deiner Hand; denn zu einem großen Volk will ich ihn machen. Gott öffnete ihr die Augen, und sie erblickte einen Brunnen. Sie ging hin, füllte den Schlauch mit Wasser und gab dem Knaben zu trinken. Gott war mit dem Knaben. Er wuchs heran, ließ sich in der Wüste nieder und wurde ein Bogenschütze. Er ließ sich in der Wüste Paran nieder, und seine Mutter nahm ihm eine Frau aus Ägypten.

Anregungen zur Vertiefung:

Frauen zwischen Schwesterlichkeit und Konkurrenz

Ich suche mir eine der Personen aus und stelle mir vor bzw. beschreibe, wie sie denkt, fühlt und handelt.
In einem Rollenspiel können wir die Personen lebendig werden lassen…

Eine Dreiecksgeschichte: Abraham – Sara – Hagar [3]

Methode: »Konfrontationsspiel«
Die Gruppe/Klasse wird in vier Untergruppen aufgeteilt. Jede Gruppe beschäftigt sich mit je einer Person.

1. Gruppe: Gott bzw. Engel (möglichst eine gemischte Gruppe)
2. Gruppe: Sara (Mädchengruppe)
3. Gruppe: Hagar (Mädchengruppe)
4. Gruppe: Abraham (Jungengruppe)

1. Schritt: Texte lesen: Gen 15,1-5; 18,1-12; 21,1-21
2. Schritt: Gruppenarbeit, arbeitsteilig, zur Vorbereitung der Konfrontation.
Leitfragen: Was findet ihr ungerecht? Welche Handlung anderer Personen versteht ihr nicht? Formuliert Fragen und Vorwürfe.
Überlegt euch Antworten/Erklärungen auf Fragen und Vorwürfe, die von den anderen kommen können.
3. Schritt: Konfrontation
Die vier Gruppen sitzen einander in vier Blöcken gegenüber, konfrontieren einander mit Vorwürfen und Anfragen und versuchen, sich zu verteidigen. Rolle des Leiters/der Leiterin: Bereitstellen von Hintergrundinformation, soweit notwendig (z.B. rechtliche Stellung Hagars).
4. Schritt: Diskussion und Erarbeiten der Bewertung der einzelnen Personen.

Übung: »Wie gehe ich mit Macht und Ohnmacht in Konfliktsituationen um?«[4]

Eine Person A erzählt anhand dieser biblischen Konfliktsituation:

- Wann hatte ich dabei Gefühle der Schwäche/ Ohnmacht?
- Was tat der/ die andere?
- Wie erlebe ich diese Gefühle (beschreiben, darstellen, vorspielen…, nicht selber interpretieren/ erklären!)?

  * Wo sitzt es in mir (Körper…)
  * Wie sitzt es in mir?
  * Wenn ich es sprechen lasse …
  (verleihe ihm eine Stimme!)

- Was tut es mir? Wie wirkt es auf …

  * mein Wahrnehmen?
  * mein Denken und Vorstellen?
  * mein Wollen?
  * mein Handeln?

- Was tue ich, um damit fertig zu werden?

Die Personen B, C, D, E hören gut zu und machen Notizen. Dann sprechen sie aus:

  * Was ist augenfällig?
  * Was erscheint uns dabei typisch, charakteristisch für die Person A zu sein?

Die Person A fragt, klärt, ergänzt.

Was wäre geschehen, wenn Sara und Hagar miteinander gesprochen und sich verstanden hätten…? Erzählen oder spielen Sie einen anderen Verlauf und eine mögliche Lösung dieser Geschichte.

Wir Frauen zwischen Konkurrenz und Schwesterlichkeit[5]

Gott, mach uns sehend.
Gib uns Augen für unsere Schwestern
nicht die falschen Augen, mit denen wir sehen:
sie ist reichlich dick,
sie ist ein bissel dumm,
sie hat nur Männer im Kopf.

Gott, mach uns sehend.
Gib uns Augen für unsere Schwestern,
daß wir nach dem Kummer fragen,
den eine mit Essen in sich stopft
nach den Verboten,
den eigenen Verstand zu gebrauchen,
nach dem Fehlen von Freude.

Gott, mach uns schwesterlich,
gib uns Vertrauen zueinander
und lehr uns die Schönheit sehn,
die du in jeder Frau versteckt hast.

Frauen als Herrinnen – Frauen als Sklavinnen

Sara ist Herrin, Hagar Sklavin. Solche Abhängigkeitsverhältnisse gibt es heute noch.
Lesen Sie darüber auch »Stets zu Diensten« (S. 65f.) im Kapitel: »Schöne weite Welt – Kein Platz für Tränen«.

Gleichheit von Frauen?

Anhand eines Textes (ein Gespräch auf dem Frauenwelttribunal der UNO in Mexiko)[6] kann dieser Gedanke konkret werden; das »Ich« in dem Text ist eine bolivianische Bergarbeiterfrau, Domitila.

»Eine Frau, die die Präsidentin der mexikanischen Delegation war, näherte sich mir. Sie wollte mich dazu bringen, das Motto des Internationalen Jahres der Frau, das Gleichheit, Entwicklung und Frieden lautete, auf ihre Art und Weise zu sehen. Und sie sagte zu mir: Sprechen wir von uns beiden, Señora... Wir sind Frauen. Hören Sie, Señora, vergessen Sie, daß Ihr Volk leidet. Vergessen Sie für einen Augenblick die Massaker. Wir haben schon sehr viel darüber gesprochen. Wir haben sehr lange zugehört. Sprechen wir von uns..., von Ihnen und mir..., nun eben von der Frau.
Dann sagte ich zu ihr: Sehr gut, sprechen wir von uns beiden. Aber, wenn Sie gestatten, werde ich anfangen. Señora, vor einer Woche habe ich Sie kennengelernt. Jeden Morgen haben Sie ein anderes Kleid an, ich aber nicht. Sie kommen jeden Tag gut geschminkt und frisiert wie jemand, die die Zeit hat, zu einem guten Friseur zu gehen, und die gutes Geld dafür ausgeben kann. Ich aber nicht. Ich sehe, daß Sie einen Chauffeur haben, der jeden Abend an der Tür dieses Saales auf Sie wartet, um Sie nach Hause zu bringen. Mich aber nicht. Und da Sie sich hier so vorstellen, wie Sie sich vorstellen, bin ich sicher, daß Sie in einer sehr eleganten Wohnung leben, in einem sehr eleganten Viertel, nicht wahr? Wir indessen, die Frauen der Minenarbeiter, haben nur eine kleine Hütte, leihweise, und wenn unser Mann stirbt oder krank wird oder von der Gesellschaft entlassen wird, dann haben wir nur 90 Tage, um die Hütten zu räumen, und wir liegen auf der Straße. Jetzt sagen Sie mir bitte, Señora, hat Ihre Lage Ähnlichkeit mit der meinen? Hat meine Lage Ähnlichkeit mit der Ihren? Also, über welche Gleichheit werden wir reden? Scheint es Ihnen nicht so, daß wir im Augenblick, auch als Frauen, nicht gleich sein können?«

Es kann keine Solidarität unter Frauen geben, ohne daß wir an der Veränderung der gesellschaftlichen Ungerechtigkeiten arbeiten.
Welche Ungerechtigkeiten unter Frauen in unserem Land bzw. in reichen und armen Ländern nehmen wir wahr?
Sammeln Sie diese und suchen Sie nach Gründen dafür.
Welche Konsequenzen ergeben sich daraus für Sie und Ihr Handeln?

Was wäre Mose ohne Frauen!

Mose gilt als eine der herausragenden biblischen Personen; Jüdinnen/Juden und Christinnen/Christen verbinden mit seiner Gestalt die zentralen Ereignisse der Geschichte Gottes mit seinem Volk Israel: die Befreiung aus der Sklaverei in Ägypten, die Beschneidung, den Weg durch die Wüste, den Bund mit Gott und die Zehn Gebote, das Gelobte Land. Vergessen wird dabei, daß Mose Leben an entscheidenden Punkten immer wieder von Frauen abhing. Pharao Ramses II. (13. Jahrhundert v.Chr.) hatte den Hebammen die Tötung aller männlichen Neugeborenen der Hebräerinnen befohlen, um die hebräischen Zwangs-/Gastarbeiter zu unterdrücken. Von zwei hebräischen Hebammen ist überliefert, daß sie sich dem Tötungsbefehl des Herrschers durch List entzogen. Ohne ihren Widerstand hätte Mose seine Geburt nicht überlebt.

Exodus 1,15-22

Zu den hebräischen Hebammen – die eine hieß Schifra, die andere Pua – sagte der König von Ägypten: Wenn ihr den Hebräerinnen Geburtshilfe leistet, dann achtet auf das Geschlecht! Ist es ein Knabe, so laßt ihn sterben! Ist es ein Mädchen, dann kann es am Leben bleiben. Die Hebammen aber fürchteten Gott und taten nicht, was ihnen der König von Ägypten gesagt hatte, sondern ließen die Kinder am Leben. Da rief der König von Ägypten die Hebammen zu sich und sagte zu ihnen: Warum tut ihr das und laßt die Kinder am Leben? Die Hebammen antworteten dem Pharao: Bei den hebräischen Frauen ist es nicht wie bei den Ägypterinnen, sondern wie bei den Tieren: Wenn die Hebamme zu ihnen kommt, haben sie schon geboren. Gott verhalf den Hebammen zu Glück; das Volk aber vermehrte sich weiter und wurde sehr stark. Weil die Hebammen Gott fürchteten, schenkte er ihnen Kindersegen. Daher gab der Pharao seinem ganzen Volk den Befehl: Alle Knaben, die den Hebräern geboren werden, werft in den Nil! Die Mädchen dürft ihr alle am Leben lassen.

Jochebed, die Mutter des Mose, tat, was der Pharao befahl: Sie legte Mose in den Nil, aber in einen wasserdichten Korb; die Schwester Mose, Mirjam, bewachte ihren Bruder. Genau geplant, mit für den Staat unsichtbaren Waffen leisteten diese Frauen Widerstand.

Auch die Tochter des Pharao widerstand ihrem Vater und seinen Gesetzen: Sie ermöglichte Mose nicht nur zu überleben, sondern als Königssohn aufzuwachsen.

Exodus 2,1-10

Ein Mann aus einer levitischen Familie ging hin und nahm eine Frau aus dem gleichen Stamm. Sie wurde schwanger und gebar einen Sohn. Weil sie sah, daß es ein schönes Kind war, verbarg sie es drei Monate lang. Als sie es nicht mehr verborgen halten konnte, nahm sie ein Binsenkästchen, dichtete es mit Pech und Teer ab, legte den Knaben hinein und setzte ihn am Nilufer im Schilf aus. Seine Schwester blieb in der Nähe, um zu sehen, was mit ihm geschehen würde.
Die Tochter des Pharao kam herab, um im Nil zu baden. Ihre Dienerinnen gingen unterdessen am Nilufer auf und ab. Auf einmal sah sie im Schilf das Kästchen und ließ es durch ihre Magd holen. Als sie es öffnete und hineinsah, lag ein weinendes Kind darin. Sie bekam Mitleid mit ihm, und sie sagte: Das ist ein Hebräerkind. Da sagte seine Schwester zur Tochter des Pharao: Soll ich zu den Hebräerinnen gehen und dir eine Amme rufen, damit sie dir das Kind stillt? Die Tochter des Pharao antwortete ihr: Ja, geh! Das Mädchen ging und rief die Mutter des Knaben herbei. Die Tochter des Pharao sagte zu ihr: Nimm das Kind mit, und still es mir! Ich werde dich dafür entlohnen. Die Frau nahm das Kind zu sich und stillte es. Als der Knabe größer geworden war, brachte sie ihn der Tochter des Pharao. Diese nahm als Sohn an, nannte ihn Mose und sagte: Ich habe ihn aus dem Wasser gezogen.

Als junger Mann muß Mose wegen der Ermordung eines Aufsehers in die Steppe fliehen, und wieder ist es eine Frau, in deren Schutz er leben kann: Zippora, die Tochter des Priesters von Midian. Hier begegnet er Gott (Ex 3; 4); die Beschneidung hat hier möglicherweise ihre Wurzel, als kultischer Akt der Verbindung von Gott und Mensch, vollzogen durch die Frau.

Exodus, 2,15-22

Der Pharao hörte von diesem Vorfall und wollte Mose töten; Mose aber entkam ihm. Er wollte in Midian bleiben und setzte sich an einen Brunnen. Der Priester von Midian hatte sieben Töchter. Sie kamen zum Wasserschöpfen und wollten die Tröge füllen, um die Schafe und Ziegen ihres Vaters zu tränken. Doch die Hirten kamen und wollten sie verdrängen. Da stand Mose auf, kam ihnen zu Hilfe und tränkte ihre Schafe und Ziegen. Als sie zu ihrem Vater Reguël zurückkehrten, fragte er: Warum seid ihr heute so schnell wieder da? Sie erzählten: Ein Ägypter hat uns gegen die Hirten verteidigt; er hat uns sogar Wasser geschöpft und das Vieh getränkt. Da fragte Reguël seine Töchter: Wo ist er? Warum habt ihr ihn dort gelassen? Holt ihn, und ladet ihn zum Essen ein! Mose entschloß sich, bei dem Mann zu bleiben, und dieser gab seine Tochter Zippora Mose zur Frau. Als sie einen Sohn gebar, nannte er ihn Gerschom (Ödgast) und sagte: Gast bin ich in fremdem Land.

Exodus 4,18-20

Darauf kehrte Mose zu seinem Schwiegervater Jitro zurück. Er sagte zu ihm: Ich will zu meinen Brüdern nach Ägypten zurückkehren. Ich will sehen, ob sie noch am Leben sind. Jitro antwortete Mose: Geh in Frieden!
Der Herr sprach zu Mose in Midian: Mach dich auf, und kehr nach Ägypten zurück; denn alle, die dir nach dem Leben getrachtet haben, sind tot. Da holte Mose seine Frau und seine Söhne, setzte sie auf einen Esel und trat den Rückweg nach Ägypten an. Den Gottesstab hielt er in der Hand.

Exodus 4,24-26

Unterwegs am Rastplatz trat der Herr dem Mose entgegen und wollte ihn töten. Zippora ergriff einen Feuerstein und schnitt ihrem Sohn die Vorhaut ab. Damit berührte sie die Beine des Mose und sagte: Ein Blutbräutigam bist du mir. Da ließ der Herr von ihm ab. »Blutbräutigam« sagte sie damals wegen der Beschneidung.

Exodus 18,1-7

Jitro, der Priester von Midian, der Schwiegervater des Mose, hörte, was Gott alles an Mose und seinem Volk Israel getan und wie der Herr Israel aus Ägypten herausgeführt hatte. Da nahm Jitro, der Schwiegervater des Mose, Zippora mit sich, die Frau des Mose – Mose hatte sie wieder zurückgeschickt – und ihre beiden Söhne. Der eine hieß Gerschom (Ödgast), weil Mose gesagt hatte: Gast bin ich in fremdem Land. Der andere hieß Eliëser (Gotthelf), weil Mose gesagt hatte: Der Gott meines Vaters hat mir geholfen und hat mich vor dem Schwert des Pharao gerettet. Jitro, der Schwiegervater des Mose, kam mit dessen Söhnen und dessen Frau in die Wüste am Gottesberg, wo Mose gerade lagerte. Er ließ Mose sagen: Ich, dein Schwiegervater Jitro, komme zu dir zusammen mit deiner Frau und ihren beiden Söhnen. Da ging Mose seinem Schwiegervater entgegen, fiel vor ihm nieder und küßte ihn. Dann fragten sie einander nach ihrem Wohlergehen und gingen ins Zelt.

Mirjam, die Schwester, bleibt im Zentrum: Sie wurde bis ins 8. Jahrhundert Prophetin genannt (Micha 6,4), tanzend und singend ist sie Sprachrohr Gottes auf der Seite der Flüchtlinge gegen die militärische Macht des Grenzschutzes. (In Num 12 spiegelt sich ein Konkurrenzverhältnis zwischen den Führenden Mose, Aaron und Mirjam, das zugunsten des Mose entschieden wird.)

Micha 6,4

Ich habe dich doch aus Ägypten heraufgeführt und dich freigekauft aus dem Sklavenhaus. Ich habe Mose vor dir hergesandt und Aaron und Mirjam.

Numeri 26,59

Die Frau Amrams hieß Jochebed; sie war die Tochter Levis, die dem Levi noch in Ägypten geboren wurde. Sie gebar dem Amram Aaron und Mose sowie deren Schwester Mirjam.

Numeri 12,1-16

Als sie in Hazerot waren, redeten Mirjam und Aaron über Mose wegen der kuschitischen Frau, die er sich genommen hatte. Er hatte sich nämlich eine Kuschiterin zur Frau genommen. Sie sagten: Hat etwa der Herr nur mit Mose gesprochen? Hat er nicht auch mit uns gesprochen? Das hörte der Herr. Mose aber war ein sehr demütiger Mann, demütiger als alle Menschen auf der Erde. Kurz darauf sprach der Herr zu Mose, Aaron und Mirjam: Geht ihr drei hinaus zum Offenbarungszelt! Da gingen die drei hinaus. Der Herr kam in der Wolkensäule herab, blieb am Zelteingang stehen und rief Aaron und Mirjam. Beide traten vor, und der Herr sprach: Hört meine Worte! Wenn es bei euch einen Propheten gibt, so gebe ich mich ihm in Visionen zu erkennen und rede mit ihm im Traum. Anders bei meinem Knecht Mose. Mein ganzes Haus ist ihm anvertraut. Mit ihm rede ich von Mund zu Mund, von Angesicht zu Angesicht, nicht in Rätseln. Er darf die Gestalt des Herrn sehen. Warum habt ihr es gewagt, über meinen Knecht Mose zu reden? Der Herr wurde zornig auf sie und ging weg.

Kaum hatte die Wolke das Zelt verlassen, da war Mirjam weiß wie Schnee vor Aussatz. Aaron wandte sich Mirjam zu und sah: Sie war aussätzig. Da sagte Aaron zu Mose: Mein Herr, ich bitte dich, laß uns nicht die Folgen der Sünde tragen, die wir leichtfertig begangen haben. Mirjam soll nicht wie eine Totgeburt sein, die schon halb verwest ist, wenn sie den Schoß der Mutter verläßt. Da schrie Mose zum Herrn: Ach, heile sie doch! Der Herr antwortete Mose: Wenn ihr Vater ihr ins Gesicht gespuckt hätte, müßte sie sich dann nicht sieben Tage lang schämen? Sie soll sieben Tage lang aus dem Lager ausgesperrt sein; erst dann soll man sie wieder hereinlassen. So wurde Mirjam sieben Tage aus dem Lager ausgesperrt. Das Volk brach nicht auf, bis man Mirjam wieder hereinließ. Erst nachher brach das Volk von Hazerot auf und schlug dann sein Lager in der Wüste Paran auf.

Numeri 20,1

Im ersten Monat kam die ganze Gemeinde der Israeliten in die Wüste Zin, und das Volk ließ sich in Kadesch nieder. Dort starb Mirjam und wurde auch dort begraben.

Exodus 15,20f.

Die Prophetin Mirjam, die Schwester Aarons, nahm die Pauke in die Hand, und alle Frauen zogen mit Paukenschlag und Tanz hinter ihr her. Mirjam sang ihnen vor:

> Singt dem Herrn ein Lied,
> denn er ist hoch und erhaben!
> Rosse und Wagen warf er ins Meer.

Noch eine Frau wird erwähnt, nur kurz und trotzdem voller Konflikte; mit ihr ist Mose fähig, eine Beziehung einzugehen: eine Fremde, eine Ausländerin, die ihm Ehefrau und Begleiterin wird.

Numeri 12,1

Als sie in Hazerot waren, redeten Mirjam und Aaron über Mose wegen der kuschitischen Frau, die er sich genommen hatte. Er hatte sich nämlich eine Kuschiterin zur Frau genommen.

Anregungen zur Vertiefung:

Was wäre ich ohne Frauen…

Welche Frauen waren und sind in meinem Leben wichtig?
Wie waren und sind sie für mich?
Welche Erfahrungen und Gefühle verbinde ich mit ihnen?

Frauen im Widerstand (besonders Ex 1,15-21)

»Hebammen heben Kinder ans Licht.
Hebammen helfen Kindern zum ersten Schrei,
Töchtern und Söhnen.
Hebammen leisten Beistand aus
dem Mutterleib, beim Herausgang ins Leben.«[7]

… und für mich?
Wer ist für mich »Hebamme«?
Wer hilft mir beim »Auszug« – aus meiner Kindheit, aus meiner Bequemlichkeit, aus Überforderungen …?

»Hebammen widerstanden
dem Tötungsgebot des Pharao.
Hebammen verschonten unbeirrt. Hebammen waren Geburtshelferinnen beim
Exodus, dem Auszug aus der Knechtschaft.«[8]

… und ich?
Wem bin ich Hebamme?
Wem helfe ich beim »Auszug«?

»Schifra und Pua – Gewaltloser Widerstand ist möglich.
Drohendes Dunkel und wärmendes Feuer kennzeichnen diese Szene. Zwei Frauen schützen die Mutter mit ihrem Kind. Die beiden Hebammen Schifra und Pua widerstehen dem Pharao und retten die neugeborenen Knaben der Hebräer mit List und fast tollkühnem Mut. Sie sind Vorbild und Hilfe für alle tapferen Frauen, die heute gegen die Drohung des Todes für Leben, Freiheit, Gerechtigkeit und Frieden kämpfen.«[9]

SCHIFRA UND PUA

Das Bild

Drei Frauen. Eine mit Kind in der Mitte. Die Frau im grünen Gewand hebt einen schweren Behang über sie hoch, um ihn über sie zu breiten. Die Frau im roten Kleid neigt sich sorglich ihrem Kind zu.

Worte der Heiligen Schrift

Zu den hebräischen Hebammen — die eine hieß Schifra, die andere Pua — sagte der König von Ägypten: Wenn ihr den Hebräerinnen Geburtshilfe leistet, dann achtet auf das Geschlecht! Ist es ein Knabe, dann laßt ihn sterben. — Die Hebammen aber fürchteten Gott und taten nicht, was ihnen der König von Ägypten gesagt hatte.

Ex 1.15-21

Anregungen zur Meditation[10]

Unter eurem Tuch sieht kein Häscher den Knaben!
Schifra und Pua, deckt damit die noch schlafende Freiheit,
den am Herzen noch schlummernden Auszug
aus dem Land der Sklaven.
Versteckt darunter den bald aufwachenden Befreier, das Kind.

Schifra und Pua, breitet den Feuerbehang eures Mutes,
eurer Klugheit und Herzenslist wie ein Zelt
um alle die tapferen Frauen auf Erden,
die gegen die Drohung des Todes
Freiheit, Gerechtigkeit, Frieden
stillen
in Welt und Kirche –
Mütter der Neuen Schöpfung.

Frauen leisten auch heute Widerstand:

Frauen und Mütter setzen sich beharrlich für eine atomfreie Zukunft, für eine lebenswerte Umwelt und für ein gerechteres Zusammenleben ein; Frauen und Mütter kämpfen für ihre gefolterten, verschleppten, verschwundenen Angehörigen; sie engagieren sich gegen ungerechte Wirtschaftsbeziehungen (z.B. Früchteboykott gegen Südafrika)…

Frauen und Mütter kämpfen um das Leben ihrer Angehörigen:

»Mireya ist Mitglied der ›Vereinigung von Angehörigen Inhaftierter und Verschwundener‹ (AFDD). Wie in anderen lateinamerikanischen Militärdiktaturen, waren es auch in Chile fast ausschließlich Frauen, die von der Junta Pinochets beharrlich Auskunft über den Verbleib ihrer entführten Männer, Brüder und Söhne verlangten. Täglich treffen sich die kämpferischen Frauen in einem Lokal an der Plaza de Armas, das ihnen der Erzbischof von Santiago zur Verfügung gestellt hat. Sie drucken Flugblätter, malen Spruchbänder und bereiten Eingaben an Gerichte und Regierungsstellen vor. Tausende sind nach dem blutigen Staatsstreich von 1973 von Armee und Geheimdienst ver-

schleppt und teils ermordet worden. 733 ›Verschwundenen‹-Fälle sind allein bei der AFDD registriert und dokumentiert.
›Mein Bruder Vincente Isreal Garcia wurde am 30. April 1977 festgenommen‹, erzählt Mireya, ›er war damals 19.‹ Der Geheimdienst DINA suchte den jungen Mann, weil er als Vorstandsmitglied der ›Sozialistischen Partei‹ auch nach dem Putsch im Untergrund weitergearbeitet hatte. Nach Angaben eines damaligen Mithäftlings wurde Mireyas Bruder etwa 20 Tage lang in einem geheimen Haftzentrum verhört und schwer gefoltert. ›Er war in einem sehr schlechten körperlichen Zustand und sagte einem Zellengenossen, er glaube nicht, seine Familie jemals wiederzusehen‹, berichtet Mireya, die auch jetzt, 13 Jahre nach dem ›Verschwinden‹ Vincentes, ihre Trauer und Erschütterung kaum verbergen kann. ›Wir haben seither nie mehr etwas von ihm gehört.‹«[11]

»Sie haben sie uns lebend genommen. Wir wollen sie lebend wieder.« Unter Pinochet demonstrierten mutige Frauen laufend gegen die Methoden des Regimes.

Maria, seine Mutter, weint erneut auf der Plaza de Mayo [12]

Frucht meines Leibes
mein gekreuzigter Christus
wo bist du, wo haben sie dich hingeschafft?
Haben sie dich verhaftet oder begraben?
Gott hat dich in meinen Leib gegeben
und ich habe dich neun Monate in mir getragen.
Sie haben dich mir aus dem Leib gerissen
und haben mich verstümmelt.
Der Weg des Kreuzes
der Weg des Herodes oder Pilatus
ist ein Weg der Grausamkeit
ein Weg der Feigheit.
Der Weg, von dem sie glaubten
er ende am Kalvarienberg,
führte zur Auferstehung.
Im leeren Grab blieb nur ein Schweißtuch.

Der Weg meines Kreuzes
durch Gefängnis und Gericht
führt ins Leere
hört an der Plaza de Mayo auf.

Du, der gleichgültige Passant,
der nichts weiß und der schweigt,
sag mir, ob es Schlimmeres gibt
als ein Begräbnis ohne Tote.
Sag es mir, geh nicht vorbei!
Wasch deine Hände nicht in Unschuld!
Vergiß nicht, daß Christus immer wieder
von neuem gekreuzigt wird!
Und Maria, seine Mutter, weint
erneut auf der Plaza de Mayo.

Kennen Sie in Ihrer Umgebung, in Ihrem Land oder auch darüber hinaus Frauen, die sich auf verschiedenste Weise gegen Unrecht einsetzen?
Erzählen Sie sich gegenseitig von solchen Frauen: Was tun sie, aus welchen Gründen setzen sie sich ein, was wollen sie erreichen? Lassen wir uns von ihnen betreffen? Welchen Anstoß können sie uns für unsere Lebensführung geben?

Mirjam – die Schwester

Mirjam – die Prophetin, die Gesandte Gottes, die Anführerin, die Schwester des Mose und Aaron, die Konkurrentin, die Verliererin? Mirjam erzählt, wie sie den Aufbruch aus Ägypten, den Durchzug durch das Rote Meer, die Freude über die gelungene Flucht und all die Ereignisse auf dem Weg erlebt hat, welche Ängste, Schwierigkeiten und Freuden sie erfahren hat...

Mirjam, die Schwester im Schatten ihres Bruders – Frauen im Schatten von Männern:
Versuchen Sie, Ihre Familie, in der Sie aufgewachsen sind, zu beschreiben und die Beziehungen untereinander anhand einer einfachen Skizze darzustellen. Standen Sie (oder jemand andereR aus Ihrer Familie) im Schatten eines anderen Familienmitgliedes? Welche Erfahrungen haben Sie dabei gemacht – und welche machen Sie heute noch?

Mirjam-Lied

Text + Melodie: Claudia Mitscha-Mätheim
(ruhiges Tempo)
1. Im Lande der Knechtschaft, da lebten sie lang, in fremde Ge-fiel-de ver-bannt,
2. Die Narben der Knechtschaft an Schultern und Knien, die Blicke ver-hal-ten und scheu,
3. Die Bande der Knechtschaft, die fall'n langsam ab, die Schritte ver-ler-nen den Trott.
ver-gessen die Freiheit, ver-stummt ihr Ge-sang und die Hoffnung ver-gra-ben im Sand.
die Rücken ge-beugt noch, so ziehn sie da-hin, und die Freiheit ist drohend und neu.
Ent-wachsen den Ketten, ent-stie-gen dem Grab. Das Leben be-siegte den Tod.
Nur heimlich im Herzen, da hegten sie bang den Traum vom ge-lob-ten Land. Doch:
Es lockt die Versuchung zu-rück zu fliehn in die Sicherheit der Sklave-rei. Doch:
Ihr Weg ist noch weit, doch sie haben die Kraft, denn in ihren Herzen ist Gott, denn:
Refrain: (schneller werdend)
Mir-jam, Mir-jam schlug auf die Pauke und Mir-jam tanzte vor ihnen her.
Frauen tanzten, tanzten die Männer und Wellen, Wolken, alles tanzt mit.
Al-le, al-le fingen zu tanzen an, tanzend zogen sie durchs Meer.
Mir-jam, Mir-jam hob ihre Stimme und sang für Jahwe, sang ihr Lied.
Lala lala lala lei lala la lei lala lala lei lei lala lala lei lala lala
la la la lala lala la lala lala lala lei lala la lei lala lala lei
lei lala lala lei la la lei la la la
lei lala lala lei lala lala la la la la

Das kann doch nicht wahr sein! Diese Männer geben auf!

Judit, die Hauptperson in dem gleichnamigen alttestamentlichen Buch, rettet durch ihr Vertrauen auf Jahwe ihre Heimatstadt Betulia. Die Situation um 200 v.Chr. ist prekär: Nebukadnezar, der assyrische Diktator, befindet sich auf einem Rachefeldzug gegen den Westen. Viele Stämme und Städte haben sich freiwillig oder erst nach Kämpfen dieser Gewalt ergeben. In dieser außenpolitischen Lage lebt Judit. Sie hat ihren Mann verloren und lebt schon seit geraumer Zeit als Witwe. Als sehr kluge, religiöse und schöne Frau erlangt sie beachtliches Ansehen im Volk.
Auch Betulia wird belagert. Im Laufe der immer bedrohlicher werdenden Situation wissen sich die Vertreter der Stadt nicht anders zu helfen, als Jahwe ein Ultimatum zu stellen: Wenn Jahwe nicht innerhalb von fünf Tagen Hilfe schickt, wird sich die Stadt dem Feind ergeben.

Judit 8,11-17

Als sie zu ihr kamen, sagte sie zu ihnen: Hört mich an, ihr Vorsteher der Einwohner von Betulia! Es war nicht recht, was ihr heute vor dem Volk gesagt habt. Durch diesen Eid, den ihr geschworen habt, habt ihr Gott und euch selbst festgelegt; denn ihr habt erklärt, daß ihr die Stadt unseren Feinden ausliefern wollt, wenn der Herr euch nicht inzwischen Hilfe schickt. Wer seid ihr denn, daß ihr am heutigen Tag Gott auf die Probe stellt und euch vor allen Leuten an die Stelle Gottes setzt? Ihr wollt den Herrn, den Allmächtigen, auf die Probe stellen und kommt doch ewig zu keiner Erkenntnis. Nicht einmal die Tiefe des Menschenherzens könnt ihr ergründen und die Gedanken seines Geistes erfassen. Wie wollt ihr dann Gott erforschen, der das alles geschaffen hat? Wie wollt ihr seine Gedanken erkennen und seine Absichten verstehen? Nein, meine Brüder, reizt den Herrn, unseren Gott, nicht zum Zorn! Auch wenn er nicht gewillt ist, uns in diesen fünf Tagen Hilfe zu schaffen, so hat doch er zu bestimmen, zu welcher Zeit er uns helfen oder uns vor den Augen unserer Feinde vernichten will. Versucht nicht, die Entscheidungen des Herrn, unseres Gottes, zu erzwingen; denn Gott ist nicht wie ein Mensch, dem man drohen kann, und wie ein Menschenkind, das man beeinflussen kann. Darum wollen wir die Rettung von ihm erwarten und ihn um Hilfe anrufen. Er wird unser Flehen erhören, wenn es seinem Willen entspricht.

Judits Reaktion ist eindeutig. Nach »Rücksprache« mit Jahwe legt sie ihre Witwenkleidung ab und begibt sich in das feindliche Lager. Völlig erstaunt über diesen unerwarteten Besuch, reagieren die Feinde mit Bewunderung.

»Sie bewunderten ihre Schönheit und übertrugen ihre Bewunderung auch auf die Isrealiten. Einer sagte zum andern: Wer kann dieses Volk verachten, das solche Frauen in seiner Mitte hat!« (Jdt 10,19)

Holofernes, der Anführer der feindlichen Armee, rechnet sich gute Chancen aus, Judit zu verführen. Judit, in Begleitung ihrer Magd, bekommt ein Zelt zugewiesen, und beide Frauen bleiben einige Tage im feindlichen Lager. Am vierten Tag veranstaltet Holofernes ein großartiges Fest, zu dem er aber keine Männer einlud. Judit nimmt diese Einladung an und erscheint festlich gekleidet.

Judit 12,16-20

Darauf trat Judit ein und nahm Platz. Holofernes aber war über sie ganz außer sich vor Entzücken. Seine Leidenschaft entbrannte, und er war begierig danach, mit ihr zusammenzusein. Denn seit er sie gesehen hatte, lauerte er auf eine günstige Gelegenheit, um sie zu verführen.

Als Holofernes sie aufforderte: Trink doch, und sei vergnügt mit uns!, erwiderte Judit: Gern will ich trinken, Herr, denn ich habe in meinem ganzen Leben noch keine solche Ehre erfahren wie heute. Sie griff zu, aß und trank vor seinen Augen, was ihre Dienerin zubereitet hatte. Holofernes wurde ihretwegen immer fröhlicher und trank so viel

Wein, wie er noch nie zuvor in seinem Leben an einem einzigen Tag getrunken hatte.

Judit 13,1-10

Als es dann Nacht geworden war, brachen seine Diener eilig auf. Bagoas schloß von außen das Zelt und trennte so die Diener von seinem Herrn. Sie suchten ihr Nachtlager auf, denn sie waren alle von dem ausgedehnten Mahl ermüdet. Judit allein blieb in dem Zelt zurück, wo Holofernes, vom Wein übermannt, vornüber auf sein Lager gesunken war. Judit hatte ihrer Dienerin befohlen, draußen vor ihrem Schlafgemach stehen zu bleiben und wie alle Tage zu warten, bis sie herauskäme; sie werde nämlich zum Gebet hinausgehen. Im gleichen Sinne hatte sie auch mit Bagoas gesprochen. Inzwischen hatte sich die ganze Gesellschaft entfernt, und es befand sich kein Mensch mehr im Schlafgemach des Holofernes. Judit trat an das Lager des Holofernes und betete still: Herr, du Gott aller Macht, sieh in dieser Stunde gnädig auf das, was meine Hände zur Verherrlichung Jerusalems tun werden. Jetzt ist der Augenblick gekommen, daß du dich deines Erbbesitzes annimmst und daß ich mein Vorhaben ausführe, zum Verderben der Feinde, die sich gegen uns erhoben haben. Dann ging sie zum Bettpfosten am Kopf des Holofernes und nahm von dort sein Schwert herab. Sie ging ganz nahe zu seinem Lager hin, ergriff sein Haar und sagte: Mach mich stark, Herr, du Gott Israels, am heutigen Tag! Und sie schlug zweimal mit ihrer ganzen Kraft auf seinen Nacken und hieb ihm den Kopf ab. Dann wälzte sie seinen Rumpf von dem Lager und riß das Mückennetz von den Tragstangen herunter. Kurz danach ging sie hinaus und übergab den Kopf des Holofernes ihrer Dienerin, die ihn in einen Sack steckte.
Sie machten sich dann beide wie gewöhnlich auf den Weg, als wollten sie zum Beten gehen. Sie gingen jedoch, nachdem sie das Lager durchquert hatten, um die Schlucht herum, stiegen den Berg nach Betulia hinauf und gelangten vor das Stadttor.

Am nächsten Morgen findet man den »kopflosen« Holofernes; die Feinde werden von großem Entsetzen gepackt und fliehen. Judit wird

mit großer Begeisterung und Freude von allen gefeiert. Judit aber lobt Gott in einem Lied:
»Stimmt ein Lied an für meinen Gott unter Paukenschall, singt für den Herrn unter Zimbelklang! Preist ihn, und singt sein Lob, rühmt seinen Namen, und ruft ihn an!« (Jdt 16,1)

Aktualisierende Vertiefung:

Ich befinde mich in einer Zwickmühle: Soll ich mich gegebenen, erniedrigenden Bedingungen beugen oder…? Freunde empfehlen nachzugeben. Doch ich spüre, daß mich ihre Ratschläge nicht überzeugen.
Woran (an welchen Menschen und nach welchen Kriterien) orientiere ich mich in meiner Entscheidung?

Nach den aufregenden Ereignissen in Betulia:
Es kommt zu einem Treffen zwischen einigen Freundinnen und Freunden mit Judit. Eine hitzige Diskussion entbrennt über die Gründe, die Chancen und Gefahren von Judits Verhalten. Beziehen Sie in der Diskussion für oder gegen Judits Weg Stellung.

Biblische Vertiefung:
Welche Eigenschaften faszinieren Sie an Judit? Worin ist Sie Ihnen Vorbild?
Schreiben Sie als Freundin einen Brief an Judit. Fragen Sie sie nach ihren Überlegungen, Entscheidungen und Ängsten. Versuchen Sie ein inneres Zwiegespräch mit Judit.

Aktualisierung:
Wie ist Ihr Verhältnis zu engagierten Frauen?
Auf einem sehr großen Plakat wird ein Kreis eingezeichnet, der in drei konzentrische Kreise unterteilt wird. Dann wird dieser Kreis in so viele Segmente unterteilt, wie Personen teilnehmen.[13]

1. Äußerer Kreis:
Die Leitfrage für diesen Kreisteil heißt:
Wo erlebe ich engagierte Frauen und in welchen Situationen fallen sie mir besonders auf?
Diese Frage dient dazu, sich die Situation zu vergegenwärtigen, sie quasi vor den geistigen Augen neu entstehen zu lassen. Jeder [Jede] der Teilnehmenden schreibt in sein [ihr] Segment im äußeren Teil die Stichworte zu dieser Frage auf.
Anschließend gibt es eine Austauschrunde, in der jeder [jede] von seinen [ihren] Erfahrungen mit den engagierten Frauen berichtet.

2. Mittlerer Kreis:
Hier heißt die Frage: Welche Gefühle haben die vorher beschriebenen Aufeinandertreffen mit den Frauen ausgelöst?
Diese Frage fängt den emotionalen Zustand ein, der sich in Auseinandersetzung mit Frauen ergibt. Für die Beantwortung sollte viel Zeit eingeräumt werden.
Gibt es Ähnlichkeiten oder Differenzen in der Wahrnehmung?

3. Innerer Kreis:
In diesem Teil wird die Frage beantwortet:
Was habe ich getan, als ich mit den Frauen konfrontiert war?
Auch dieser Kreisteil sollte durch einen Austausch ausgewertet werden.
Alternativ: Was hätte ich gern getan?

Die folgende Diskussion kann verschiedene Fragen klären:
- Gibt es so etwas wie eine männliche Reaktion auf Frauenpower? Wie sieht diese aus?
- Stimmen die Gefühle und die daraus folgenden Handlungen überein?
- Welche alternativen Verhaltensweisen hätte es in solchen Situationen gegeben?
- Was gefällt uns an der Frauenbewegung, was macht eher Angst?

Prophetinnen – die Revolution hat begonnen

In der Tradition der Bibel sind es Frauen, die in ihren Lobliedern vom Sturz der Mächtigen, Herrschenden und Ausbeutenden sprechen. Aus der Erfahrung der Veränderung freuen sie sich über den Umsturz aller ungerechten Verhältnisse. Jahwe als der »Gott mit uns« begleitet Flüchtlinge aus ihrer Zwangssituation, wie Mirjam in einem der ältesten Texte des Alten Testaments (Ex 15,20f.) berichtet.

Debora

Die Richterin und Prophetin Debora (gegen Ende des 12. Jahrhunderts, zur Zeit der Landnahme) brachte durch ihre Initiative die israelitischen Stämme dazu, gemeinsam das Heer der kanaanäischen Stadtkönige zu besiegen. So konnten die Israeliten durch das Handeln der Debora (und der Heidin Jaël Ri 5,24-27) überleben und zu Jahwes Volk werden.

Richter 4,1-16

Als Ehud gestorben war, taten die Israeliten wieder, was dem Herrn mißfiel. Darum lieferte sie der Herr der Gewalt Jabins, des Königs von Kanaan, aus, der in Hazor herrschte. Sein Heerführer war Sisera, der in Haroschet-Gojim wohnte. Da schrien die Israeliten zum Herrn; denn Sisera besaß neunhundert eiserne Kampfwagen und hatte die Israeliten zwanzig Jahre lang grausam unterdrückt. Damals war Debora, eine Prophetin, die Frau des Lappidot, Richterin in Israel. Sie hatte ihren Sitz unter der Debora-Palme zwischen Rama und Bet-El im Gebirge Efraim, und die Israeliten kamen zu ihr hinauf, um sich Recht sprechen zu lassen. Sie schickte Boten zu Barak, dem Sohn Abinoams aus Kedesch- Naftali, ließ ihn rufen und sagte zu ihm: Der Herr, der Gott Israels, befiehlt: Geh hin, zieh auf den Berg Tabor, und nimm zehntausend Naftaliter und Sebuloniter mit dir! Ich aber werde Sisera, den Heerführer Jabins, mit seinen Wagen und seiner Streitmacht zu dir an den Bach Kischon lenken und ihn in deine Hand

geben. Barak sagte zu ihr: Wenn du mit mir gehst, werde ich gehen; wenn du aber nicht mit mir gehst, werde ich nicht gehen. Sie sagte: Ja, ich gehe mit dir; aber der Ruhm bei dem Unternehmen, zu dem du ausziehst, wird dann nicht dir zuteil; denn der Herr wird Sisera der Hand einer Frau ausliefern. Und Debora machte sich auf und ging zusammen mit Barak nach Kedesch. Barak rief Sebulon und Naftali in Kedesch zusammen, und zehntausend Mann folgten ihm (auf den Tabor) hinauf. Auch Debora ging mit ihm.
Der Keniter Heber aber, der sich von Kain, von den Söhnen Hobabs, des Schwiegervaters des Mose, getrennt hatte, hatte sein Zelt an der Eiche von Zaanannim bei Kedesch aufgeschlagen.
Als man nun Sisera meldete, daß Barak, der Sohn Abinoams, auf den Berg Tabor gezogen sei, beorderte Sisera alle seine Wagen – neunhundert eiserne Kampfwagen – und das ganze Kriegsvolk, das er bei sich hatte, von Haroschet-Gojim an den Bach Kischon. Da sagte Debora zu Barak: Auf! Denn das ist der Tag, an dem der Herr den Sisera in deine Gewalt gegeben hat. Ja, der Herr zieht selbst vor dir her. Barak zog also vom Berg Tabor herab, und die zehntausend Mann folgten ihm. Und der Herr brachte Sisera, alle seine Wagen und seine ganze Streitmacht (mit scharfem Schwert) vor den Augen Baraks in große Verwirrung. Sisera sprang vom Wagen und floh zu Fuß. Barak verfolgte die Wagen und das Heer bis nach Haroschet-Gojim. Das ganze Heer Siseras fiel unter dem scharfen Schwert; nicht ein einziger Mann blieb übrig.

Richter 4,17-24

Sisera war zu Fuß zum Zelt der Jaël, der Frau des Keniters Heber, geflohen; denn zwischen Jabin, dem König von Hazor, und der Familie des Keniters Heber herrschte Frieden. Jaël ging Sisera entgegen und sagte zu ihm: Kehr ein, Herr, kehr ein bei mir, hab keine Angst! Da begab er sich zu ihr ins Zelt und sie deckte ihn mit einem Teppich zu. Er sagte zu ihr: Gib mir doch etwas Wasser zu trinken, ich habe Durst. Sie öffnete einen Schlauch mit Milch und gab ihm zu trinken; dann deckte sie ihn wieder zu. Er sagte zu ihr: Stell dich an den Zelteingang, und wenn einer kommt und dich fragt: Ist jemand hier?, dann antworte: Nein. Doch Jaël, die Frau Hebers, holte einen Zelt-

pflock, nahm einen Hammer in die Hand, ging leise zu Sisera hin und schlug ihm den Zeltpflock durch die Schläfe, so daß er noch in den Boden drang. So fand Sisera, der vor Erschöpfung eingeschlafen war, den Tod. Da erschien gerade Barak, der Sisera verfolgte. Jael ging ihm entgegen und sagte: Komm, ich zeige dir den Mann, den du suchst. Er ging mit ihr hinein; da sah er Sisera tot am Boden liegen, mit dem Pflock in seiner Schläfe.
So demütigte Gott an diesem Tag Jabin, den König von Kanaan, vor den Israeliten, und die Faust der Israeliten lag immer schwerer auf Jabin, dem König von Kanaan, bis sie Jabin, dem König von Kanaan, ganz vernichtet hatten.

Richter 5,1-3.6f.24

Debora und Barak, der Sohn Abinoams, sangen an jenem Tag dieses Lied:
Daß Führer Israel führten
und das Volk sich bereit zeigte,
dafür preist den Herrn!
Hört, ihr Könige, horcht auf, ihr Fürsten!
Ich will dem Herrn zu Ehren singen. (...)

In den Tagen Schamgars, des Sohnes des Anat,
in den Tagen Jaëls lagen die Wege verlassen da;
wer unterwegs war, mußte Umwege machen.
Bewohner des offenen Landes gab es nicht mehr,
es gab sie nicht mehr in Israel,
bis du dich erhobst, Debora,
bis du dich erhobst, Mutter in Israel. (...)
Gepriesen sei Jaël unter den Frauen,
die Frau des Keniters Heber
gepriesen unter den Frauen im Zelt.

Hanna

Hanna, deren Name Liebreiz bzw. Gnade bedeutet, wendet sich in ihrer Verzweiflung über ihre Kinderlosigkeit und den damit verbundenen Demütigungen durch Pennina, die Nebenfrau ihres Mannes, direkt an Gott. Ihre persönliche Erfahrung der Zuwendung Gottes durch die Geburt eines Sohnes verbindet sie mit allen Unterdrückten, die Gottes Hilfe erfahren. In ihrem Danklied besingt sie die Befreiung der Armen, der Frauen und des Volkes durch Jahwe.

1 Samuel 2,1-10

Hanna betete. Sie sagte:
Mein Herz ist voll Freude über den Herrn,
große Kraft gibt mir der Herr.
Weit öffnet sich mein Mund gegen meine Feinde;
denn ich freue mich über deine Hilfe.
Niemand ist heilig, nur der Herr;
denn außer dir gibt es keinen (Gott);
keiner ist ein Fels wie unser Gott.
Redet nicht immer so vermessen,
kein freches Wort komme aus eurem Mund;
denn der Herr ist ein wissender Gott,
und bei ihm werden die Taten geprüft.
Der Bogen der Helden wird zerbrochen,
die Wankenden aber gürten sich mit Kraft.
Die Satten verdingen sich um Brot,
doch die Hungrigen können feiern für immer.
Die Unfruchtbare bekommt sieben Kinder,
doch die Kinderreiche welkt dahin.
Der Herr macht tot und lebendig,
er führt zum Totenreich hinab und führt auch herauf.
Der Herr macht arm und macht reich,
er erniedrigt, und er erhöht.
Den Schwachen hebt er empor aus dem Staub
und erhöht den Armen, der im Schmutz liegt;
er gibt ihm einen Sitz bei den Edlen,
einen Ehrenplatz weist er ihm zu.

Ja, dem Herrn gehören die Pfeiler der Erde;
auf sie hat er den Erdkreis gegründet.
Er behütet die Schritte seiner Frommen,
doch die Frevler verstummen in der Finsternis;
denn der Mensch ist nicht stark aus eigener Kraft.
Wer gegen den Herrn streitet, wird zerbrechen,
der Höchste läßt es donnern am Himmel.
Der Herr hält Gericht bis an die Grenzen der Erde.
Seinem König gebe er Kraft
und erhöhe die Macht seines Gesalbten.

Maria

Wie Hanna, drückt Maria gut 1000 Jahre später ihre Erfahrung mit dem befreienden Gott aus.

Lukas 1,46-55

Da sagte Maria:
Meine Seele preist die Größe des Herrn,
und mein Geist jubelt über Gott, meinen Retter.
Denn auf die Niedrigkeit seiner Magd hat er geschaut.
Siehe, von nun an preisen mich selig alle Geschlechter.
Denn der Mächtige hat Großes an mir getan,
und sein Name ist heilig.
Er erbarmt sich von Geschlecht zu Geschlecht
über alle, die ihn fürchten.
Er vollbringt mit seinem Arm machtvolle Taten:
Er zerstreut, die im Herzen voll Hochmut sind;
er stürzt die Mächtigen vom Thron
und erhöht die Niedrigen.
Die Hungernden beschenkt er mit seinen Gaben
und läßt die Reichen leer ausgehen.
Er nimmt sich seines Knechtes Israel an
und denkt an sein Erbarmen,
das er unsern Vätern verheißen hat,
Abraham und seinen Nachkommen auf ewig.

Anregungen zur Vertiefung:

Prophetinnen – Mahnende gegen die Unterdrückung

Zeitansage I

Noch trägt unser Baum keine Früchte
noch schieben wir Heimatlose ab
Arbeiterinnen lassen wir nicht arbeiten
Noch liefern wir den Folterern
was immer sie brauchen können
und schnüren den Ärmsten die Kehle zu
daß auch ihr Schrei uns nicht stört

Noch wartet Gott vergeblich
noch liegt unsere Zeit in den Händen der Mächtigen
sie leiten Gift in die Flüsse Amüsantes in unsern Bildschirm
Schwermetalle in unser Essen
und Angst in unser Herz

Noch schreien wir nicht laut genug
Wie lange noch, Gott?
Wie lang willst du dir das noch ansehn
ohne ihn umzuhaun deinen Feigenbaum
Noch haben wir nicht gelernt umzukehren
noch weinen wir selten.

Noch.

Dorothee Sölle[14]

Wo sehen wir Unterdrückung, Mißbrauch und Gewalt, wo sehen wir keine? Manches wollen wir nicht sehen. – Warum?
Wo haben wir es in der Hand, mahnend gegen Ausgrenzung jeglicher Art aufzutreten?
Können Sie – ähnlich wie Hanna und Maria – solche Erfahrungen mit Ihrem Glauben in Verbindung bringen?

Was gefällt mir an Debora, Hanna, Maria?
Was kann ich über ihr Leben, ihre Schwierigkeiten, ihre Hoffnung, ihren Glauben und ihre Gottesbeziehung aus den Texten erfahren?

»Auf, singt das Lied, das Umsturz preist...«

2. Auf, singt von ihm,
der tief besorgt
die Last der Unterdrückten trägt,
der aus der Bahn die Stolzen wirft
und Größenwahn vom Platz
verweist.

3. Er setzt die Armen obenan,
und er versorgt mit Brot und Trank
die hungrig sind und ohne Lohn.
Besitzer läßt er leer ausgehn.

4. Zum Umsturz ruft er und zum Kampf,
ihm nach für Menschentum und Recht.
Wo Volk sich drängt und Elend herrscht,
zeigt, was es heißt: Nur Gott ist groß!

Brot und Rosen

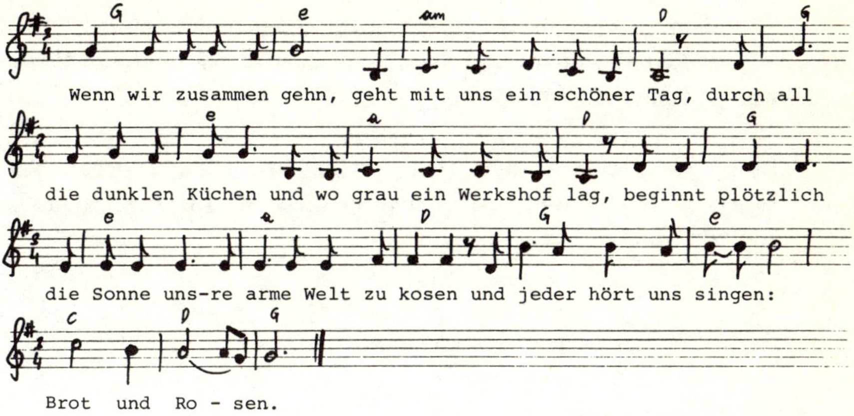

2. Wenn wir zusammen gehen, kämpfen wir auch für den Mann,
weil unbemuttert kein Mensch auf die Erde kommen kann. Und
wenn ein Leben mehr ist als nur Arbeit, Schweiß und Bauch,
wollen wir mehr: gebt uns das Brot, doch gebt die Rosen auch.

3. Wenn wir zusammen gehen, gehen unsere Toten mit.
Ihr unerhörter Schrei nach Brot schreit auch durch unser Lied.
Sie hatten für die Schönheit, Liebe, Kunst erschöpft nie Ruh.
Drum kämpfen wir ums Brot und wollen die Rosen dazu.

4. Wenn wir zusammen gehen, kommt mit uns ein besserer Tag.
Die Frauen, die sich wehren, wehren aller Menschen Plag.
Zu Ende sei: daß kleine Leute schuften für die Großen.
Her mit dem ganzen Leben: Brot und Rosen! Brot und Rosen!

Worte: P. Maiwald

Weise: Renate Fresow

Dieses Lied entstand während des großen Streiks in den Textilfabriken in Lawrence, Massachusetts, 1912. Die Mehrheit der Streikenden waren Frauen. »Brot und Rosen« war eine ihrer Parolen.

Sammeln Sie gemeinsam Ihre Assoziationen zu »Maria«. Was wissen Sie von ihrem Leben? Was berührt Sie an dieser Frau, was ist Ihnen fremd?

Lesen Sie den folgenden Text[15], schlagen Sie die angegebenen Bibelstellen nach und vergleichen Sie diese mit Ihren Vorstellungen von Maria.

Du bist mir fremd geworden Maria
Als ich noch ein Kind war
gehörten sie zu meinem Leben
die Namen und hohen Titel
die man dir gegeben hatte

starker Turm Davids
Bundeslade
Pforte des Himmels
Thron der Weisheit
mächtige Jungfrau
Königin ohne Erbsünde empfangen
Königin der Jungfrauen
und viele andere mehr.

Später merkte ich
sie haben dich weit entfernt
und blutleer gemacht
– oder so niedrig
als dienende Magd –

Ich möchte dich neu finden
als die Frau
die sagt: er stürzt die Mächtigen vom Thron — Lk 1,52
als die Mutter
auf der Herbergssuche — Lk 2,1-7
auf der Flucht nach Ägypten — Mt 2,13-15
als die Mutter
die spürt was Ablösung des Kindes ist — Lk 2,46-49
die lernen muß
das Kind entscheidet selbstverantwortlich — Joh 2,3-4
als die Mutter
die besorgt ist über die
ungewöhnlichen Wege des Kindes — Mk 3,31-35
als die Mutter
die erlebt daß ihr Kind — Mk 15;
durch seinen geraden Weg scheitert. — Joh 19,25

Wenn ich an deinen Lebensweg
denke Maria
dann merkte ich
er ist auch ein Stück von mir.
Werde ich
dich neu finden?

»Krank gemacht und krank machend«

Die gekrümmte Frau

Lukas 13,10-17

Jesus befindet sich an einem Sabbat in der Synagoge und nimmt eine Frau wahr, deren Rücken seit 18 Jahren völlig gebeugt und verkrümmt ist. Von sich aus redet er sie an, verspricht ihr Heilung und berührt sie mit seinen Händen. Auf ihre Heilung hin lobt sie Gott voll Erleichterung und Freude. Dieses Ereignis nimmt der Synagogenvorsteher zum Anlaß, Jesu Handeln mit den Sabbatgesetzen in Verbindung zu bringen. Für Jesus aber ist die Frau eine Auserwählte wie alle Töchter und Söhne Abrahams. Gottes Heil fragt nicht nach bestimmten Zeiten und Geboten. In Jesus wird Heilung erfahrbar: »Frau, du bist deine Krankheit los.« Und sofort stellt sie sich aufrecht.

Am Sabbat lehrte Jesus in einer Synagoge. Dort saß eine Frau, die seit achtzehn Jahren krank war, weil sie von einem Dämon geplagt wurde; ihr Rücken war verkrümmt, und sie konnte nicht mehr aufrecht gehen. Als Jesus sie sah, rief er sie zu sich und sagte: Frau, du bist von deinem Leiden erlöst. Und er legte ihr die Hände auf. Im gleichen Augenblick richtete sie sich auf und pries Gott. Der Synagogenvorsteher aber war empört darüber, daß Jesus am Sabbat heilte, und sagte zu den Leuten: Sechs Tage sind zum Arbeiten da. Kommt also an diesen Tagen und laßt euch heilen, nicht am Sabbat! Der Herr erwiderte ihm: Ihr Heuchler! Bindet nicht jeder von euch am Sabbat seinen Ochsen oder Esel von der Krippe los und führt ihn zur Tränke? Diese Tochter Abrahams aber, die der Satan schon seit achtzehn Jahren gefesselt hielt, sollte am Sabbat nicht davon befreit werden dürfen? Durch diese Worte wurden alle seine Gegner beschämt; das ganze Volk aber freute sich über all die großen Taten, die er vollbrachte.

Phantasiereise [16]

Setzen Sie sich aufrecht und entspannt hin, so daß Ihr Atem gut durch Ihren Körper hindurchströmen kann.
Nun begegnen Sie Ihrer gekrümmten Frau. Lassen Sie sich Zeit, bis ein Bild vor Ihnen auftaucht.
Was sehen Sie? Wie sieht Ihre gekrümmte Frau aus? Was tut sie? Woran erinnert Sie Ihre gekrümmte Frau? Was hat sie gekrümmt, daß sie nicht mehr aufrecht gehen kann?
Gibt es in Ihrem Leben im Moment etwas, was Sie krümmt, niederdrückt, beugt, auf Ihnen lastet?

Stille
Und nun stellen Sie sich vor, wie Ihre gekrümmte Frau oder auch Sie selbst Jesus begegnen. Was brauchen Sie, damit Sie sich aufrichten können? Spüren Sie, daß die Möglichkeit in Ihnen selbst ist?

Stille
Wenn Sie es wagen, sich aufzurichten, was ist Ihr nächster Schritt?

Stille
Öffnen Sie wieder die Augen, atmen Sie einige Male tief durch und schauen Sie sich um, wo Sie sind.

Tauschen Sie sich (paarweise oder in kleinen Gruppen) über Ihre Erfahrungen und Gedanken während dieser Phantasiereise aus.

Alternative:

Stellen Sie sich die Frau vor, die seit 18 Jahren gekrümmt leben muß, und nehmen Sie deren Körperhaltung ein. Verharren Sie mindestens drei bis fünf Minuten in dieser Stellung.
Nun stellen Sie sich vor, wie Sie als gekrümmte Frau Jesus begegnen. Was brauchen Sie, damit Sie sich aufrichten können? Spüren Sie, daß die Möglichkeit in Ihnen selbst ist?
Wenn Sie es wagen, sich aufzurichten, was ist Ihr nächster Schritt?

Tauschen Sie sich über Ihre Gefühle und Gedanken, die Sie während dieser Übung hatten, aus:
Was hat Sie belastet und gekrümmt?
Wie waren Ihre Empfindungen?
Was alles war Ihnen in dieser gekrümmten Haltung nicht möglich zu sehen und zu tun?
Was ging Ihnen während der Begegnung mit Jesus durch den Sinn?
Was macht es Ihnen möglich, sich aufzurichten und aufrecht zu sein?

Weitere Alternative:

Schlüpfen Sie in die Rolle des Synagogenvorstehers:
Was ärgert ihn so sehr, daß er sich nicht mit der geheilten Frau freuen kann, sondern Jesus angreift?
Was veranlaßt Jesus, nach so vielen Jahren der Krankheit nicht mit der Heilung der Frau zu warten, bis der Sabbat vorbei ist?
Was kann das für uns und unser Handeln bedeuten?

Vertiefende Betrachtung

Beschreiben Sie, was Sie im Bild wahrnehmen.
Beachten Sie, woran Ihr Blick hängenbleibt und was Sie besonders fesselt.
Suchen Sie Ihren Platz im Bild: Wo würden Sie sich in dieser Szene dazuzeichnen?
Erzählen Sie sich gegenseitig davon.

»Ich lasse mich nicht abspeisen«

Jesus lernt von einer Frau

Matthäus 15,21-28

Ein unbequemes und kantiges Verhalten Jesu wird uns hier vor Augen geführt. Typisch männlich! – könnte man ausrufen. Er will seine Ruhe, antwortet nicht einmal, und in der von anderen erzwungenen Antwort liegt auch nicht gerade die Hilfsbereitschaft, die man sich erhofft. Jesus begibt sich in fremdes Gebiet, um sich auszuruhen. Hier wird ihm von einer Frau, einer Ausländerin, durch ihre Beharrlichkeit bewußtgemacht, wie national und damit eingeschränkt seine Verkündigung und sein Verhalten bisher sind. Durch die Auseinandersetzung mit der fremden Frau lernt Jesus, daß unsere Grenzen, seien sie sozialer, politischer, religiöser Art, nicht die Grenzen Gottes sind. So kann Jesus abschließend zu ihr sagen: »Frau, dir geschehe, wie du willst.«

Von dort zog sich Jesus in das Gebiet von Tyrus und Sidon zurück. Da kam eine kanaanäische Frau aus jener Gegend zu ihm und rief: Hab Erbarmen mit mir, Herr, du Sohn Davids! Meine Tochter wird von einem Dämon gequält. Jesus aber gab ihr keine Antwort. Da traten seine Jünger zu ihm und baten: Befrei sie (von ihrer Sorge), denn sie schreit hinter uns her. Er antwortete: Ich bin nur zu den verlorenen Schafen des Hauses Israel gesandt. Doch die Frau kam, fiel vor ihm nieder und sagte: Herr, hilf mir! Er erwiderte: Es ist nicht recht, das Brot den Kindern wegzunehmen und den Hunden vorzuwerfen. Da entgegnete sie: Ja, du hast recht, Herr! Aber selbst die Hunde bekommen von den Brotresten, die vom Tisch ihrer Herren fallen. Darauf antwortete ihr Jesus: Frau, dein Glaube ist groß. Was du willst, soll geschehen. Und von dieser Stunde an war ihre Tochter geheilt.

Vertiefung und Aktualisierung:

**Stellen Sie das Verhalten Jesu dem Verhalten der Frau gegenüber, indem sie skizzenhaft die Zeitwörter in einen Raster auflisten. Vergleichen Sie dabei, wer sich wie verhält.
Versuchen Sie, diese biblische Erzählung in einem Rollenspiel (eventuell pantomimisch) darzustellen.
Tauschen Sie sich anschließend über Ihre Gefühle und Gedanken aus. Was hat sich für Sie an Ihrem Verständnis der Bibelstelle durch diesen szenischen Ausdruck verändert?
Erinnern Sie sich an eine Situation in Ihrem Leben, in der Sie sich ähnlich wie Jesus oder wie die Frau verhalten haben. Wie ist es Ihnen dabei ergangen?**

**Die Syrophönizierin setzt sich mit allen Kräften für ihre Tochter ein. Für wen trete ich ein?
Wann schreie ich für das Leben anderer?**

Das Gespür für den richtigen Moment

Maria und Marta

Den Weg Jesu von Galiläa nach Jerusalem beschreibt Lukas als »Reisebericht« (Lk 9,51-19,27). Unterwegs besucht er in Betanien, nahe vor Jerusalem, die Geschwister Marta, Maria und Lazarus, mit denen er eng befreundet ist. Zwischen den Fragen, wie ChristInnen handeln (Lk 10,25-37: barmherziger Samariter) und beten (Lk 11,1 bis 4: Vater unser) sollen, wird der Besuch Jesu bei den Schwestern Marta und Maria erzählt. Begegnung mit Jesus wird zur Chance, die genützt oder verpaßt werden kann.

Lukas 10, 38-42

Sie zogen zusammen weiter, und er kam in ein Dorf. Eine Frau namens Marta nahm ihn freundlich auf. Sie hatte eine Schwester, die Maria hieß. Maria setzte sich dem Herrn zu Füßen und hörte seinen Worten zu. Marta aber war ganz davon in Anspruch genommen, für ihn zu sorgen. Sie kam zu ihm und sagte: Herr, kümmert es dich nicht, daß meine Schwester die ganze Arbeit mir allein überläßt? Sag ihr doch, sie soll mir helfen! Der Herr antwortete: Marta, Marta, du machst dir viele Sorgen und Mühen. Aber nur eines ist notwendig. Maria hat das Bessere gewählt, das soll ihr nicht genommen werden.

Johannes stellt im Gegensatz zu Lukas andere Eigenschaften Martas in den Mittelpunkt. In ihrem Schmerz um den Tod ihres Bruders Lazarus läßt sie sich nicht mit frommen Sprüchen abspeisen, sondern durchbricht in ihrer Art alle gesellschaftlichen Konventionen: unbequem, hartnäckig und selbstbewußt provoziert sie Jesus zu einem leidenschaftlichen Glaubensgespräch. Als Höhepunkt bekennt sie ihren Glauben an Jesus den Messias (Joh 11,27), wie es nur noch von Petrus (Mt 16,16) überliefert ist.

Johannes 11,1-6.17-40

Ein Mann war krank, Lazarus aus Betanien, dem Dorf, in dem Maria und ihre Schwester Marta wohnten. Maria ist die, die den Herrn mit Öl gesalbt und seine Füße mit ihrem Haar abgetrocknet hat; deren Bruder Lazarus war krank. Daher sandten die Schwestern Jesus die Nachricht: Herr, dein Freund ist krank. Als Jesus das hörte, sagte er: Diese Krankheit wird nicht zum Tod führen, sondern dient der Verherrlichung Gottes: Durch sie soll der Sohn Gottes verherrlicht werden. Denn Jesus liebte Marta, ihre Schwester und Lazarus. Als er hörte, daß Lazarus krank war, blieb er noch zwei Tage an dem Ort, wo er sich aufhielt.

Als Jesus ankam, fand er Lazarus schon vier Tage im Grab liegen. Betanien war nahe bei Jerusalem, etwa fünfzehn Stadien entfernt. Viele Juden waren zu Marta und Maria gekommen, um sie wegen ihres Bruders zu trösten. Als Marta hörte, daß Jesus komme, ging sie ihm entgegen, Maria aber blieb im Haus. Marta sagte zu Jesus: Herr, wärst du hier gewesen, dann wäre mein Bruder nicht gestorben. Aber auch jetzt weiß ich: Alles, worum du Gott bittest, wird Gott dir geben. Jesus sagte zu ihr: Dein Bruder wird auferstehen. Marta sagte zu ihm: Ich weiß, daß er auferstehen wird bei der Auferstehung am Letzten Tag. Jesus erwiderte ihr: Ich bin die Auferstehung und das Leben. Wer an mich glaubt, wird leben, auch wenn er stirbt, und jeder, der lebt und an mich glaubt, wird auf ewig nicht sterben. Glaubst du das? Marta antwortete ihm: Ja, Herr, ich glaube, daß du der Messias bist, der Sohn Gottes, der in die Welt kommen soll.

Nach diesen Worten ging sie weg, rief heimlich ihre Schwester Maria und sagte zu ihr: Der Meister ist da und läßt dich rufen. Als Maria das hörte, stand sie sofort auf und ging zu ihm. Denn Jesus war noch nicht in das Dorf gekommen; er war noch dort, wo ihn Marta getroffen hatte. Die Juden, die bei Maria im Haus waren und sie trösteten, sahen, daß sie plötzlich aufstand und hinausging. Da folgten sie ihr, weil sie meinten, sie gehe zum Grab, um dort zu weinen. Als Maria dorthin kam, wo Jesus war, und ihn sah, fiel sie ihm zu Füßen und sagte zu ihm: Herr, wärst du hier gewesen, dann wäre mein Bruder nicht gestorben. Als Jesus sah, wie sie weinte und wie auch die Juden weinten, die mit ihr gekommen waren, war er im Innersten erregt und erschüttert. Er sagte: Wo habt ihr ihn bestattet? Sie antworteten ihm: Herr, komm und sieh! Da weinte Jesus. Die Juden sagten: Seht, wie lieb er ihn hatte! Einige aber sagten: Wenn er dem Blinden die Augen geöffnet hat, hätte er dann nicht auch verhindern können, daß dieser hier starb? Da wurde Jesus wiederum innerlich erregt, und er ging zum Grab. Es war eine Höhle, die mit einem Stein verschlossen war. Jesus sagte: Nehmt den Stein weg! Marta, die Schwester des Verstorbenen, entgegnete ihm: Herr, er riecht aber schon, denn es ist bereits der vierte Tag. Jesus sagte zu ihr: Habe ich nicht gesagt: Wenn du glaubst, wirst du die Herrlichkeit Gottes sehen?

Anregungen zur Vertiefung:

Der richtige Moment…

Maria widersetzt sich der Erwartung, die Marta an sie als Frau richtet; sie spürt, worauf es in dieser Situation ankommt, was für sie wichtig ist und handelt danach.

Gelingt es mir/ uns noch zu erkennen, was für mich/ uns bedeutsam und gut ist – in Beziehungen zum Mitmenschen, zur Umwelt, zu meinem Gott?

Biblische Vertiefung:

Wählen Sie eine der beiden Frauen, die Ihnen am ehesten entspricht, und versuchen Sie, sich in diese hineinzuversetzen.
Was möchten Sie als Maria bzw. Marta schon lange Ihrer Schwester sagen?
Schreiben Sie Ihrer Schwester einen Brief oder kommen Sie mit ihr ins Gespräch.

Frausein heißt: verschiedenste Rollen zu erfüllen

Oft entstehen Konflikte in bzw. zwischen Frauen, weil wir uns Rollen zuweisen lassen oder uns selbst darauf fixieren, weil wir bewertet werden und uns selbst bewerten, ohne auf unsere Fähigkeiten und Verschiedenheit zu achten.

Man sagt, eine Frau ist eine
- Verführerin
- Geliebte
- oder …

Die Ordensfrau
Die Weltfremde, die Betschwester, die Frömmelnde, die Heilige, die Braut Christi: die Dienerin, die Helferin, die Missionarin, die Strenge…

Die praktische Frau
Die Emsige, die nie Ruhende, das Hausmütterchen, die gute Köchin, die Frau mit Hausverstand, die Nährmutter, die Anspruchslose, die Patente…

Die Rolle der Frau als Gesprächspartnerin
Die Tratschtante, das Klatschweib, die Schlichtende, die Geschwätzige, die Denunziantin, die Plaudertasche, die Ausgleichende, die Xanthippe, die Beipflichtende, die Besserwisserin, die Launische, die Rechthaberische, die Klagemauer, die Therapeutin…

Die berufstätige Frau
Das Bürofräulein, die rechte Hand von…, das Mannweib, die schlechte Mutter, die Putzfrau, die Karrierefrau, die Fließbandsklavin, die Managerin, die Doppelbelastete, die Tüchtige, die Emanzipierte…

Die Rolle der alternden Frau
Die Schwiegermutter, die Altmodische, die Betschwester, die böse Alte, die Oma, die alte Jungfer, die Neugierige, die Neidische, die Gütige, die Weise…

Die Mutterrolle und das Hausfrausein
Die Selbstlose, das Hausmütterchen, die perfekte Hausfrau, die Gebärmaschine, die gute Mutter, die Hüterin des Hauses, die Lernhilfe, die Frustrierte, das Kindertaxi, die Zierde des Hauses, die Ehrenamtliche, die Terminkoordinatorin, die Sparmeisterin, die alles Verstehende…

Die gehorsame Frau und Tochter
Die Naive, die Dienende, die Brave, die Tugendsame, das gute Mädchen, die Meinungslose, die Unwissende, die Vertrauende, die Aufblickende…[17]

Vertiefung:

Schreiben Sie auf ein großes Blatt Ihren Namen in die Mitte und notieren Sie um diesen alle Rollen, die Sie erfüllen oder zu erfüllen haben.
Versuchen Sie, zu jeder dieser Rollen je drei für Sie positiv besetzte und drei negative Eigenschaften zu finden.
In einem nächsten Schritt können Sie anhand Ihrer Skizze überlegen, welche Rollen Sie belasten und einschränken, welche Sie verändern wollen, in welchen Sie sich wohlfühlen…; dies läßt sich auch zu zweit oder dritt besprechen.

Gebet einer Nur-Hausfrau

Gott
ich preise dich
mit dem Beutel Staub
den ich von Sofa und Boden
gesaugt habe

mit dem Berg Geschirr
der unter meinen Händen
wieder Glanz
annimmt
zur nächsten Mahlzeit
mit dem Seifenschaum
auf eingezogenen Hälsen
mit Salbenfingern
auf Babys Popo

mit Pflaster
auf zerschundene Bubenknie
mit der Hand
auf dem sandigen Struwwelkopf
von Schluchzen geschüttelt

mit Wadenwickeln
auf fieberheiße Haut

ich preise dich
mit meinen zwei Händen
voll Dreck und Abwasch
und Windelkot
und Tränen und Trost
und Not-
wendigkeit
deiner
Welt

H. Piccon-Schultesl[18]

Jüngerinnen Jesu

Jesu Auftreten in Galiläa ruft unterschiedlichste Reaktionen hervor: Ablehnung, Gleichgültigkeit, Zuneigung, Furcht, Bewunderung, Interesse… Hier werden – gleichberechtigt neben dem Zwölferkreis – Frauen als engste Jüngerinnen Jesu genannt. Unter den vielen waren auch wohlhabende Frauen, die sich Jesus anschlossen und ihn finanziell unterstützten. Diese Gruppe von Frauen begleitete Jesus bis ans Kreuz; sie erfaßten und verkündeten als erste am Ostermorgen die Botschaft vom Auferstandenen. Dabei nahmen Maria von Magdala eine herausragende Position ein (Mk 16,1-11 parr.).

Lukas 8,1-3

In der folgenden Zeit wanderte er von Stadt zu Stadt und von Dorf zu Dorf und verkündete das Evangelium vom Reich Gottes. Die Zwölf begleiteten ihn, außerdem einige Frauen, die er von bösen Geistern und von Krankheiten geheilt hatte: Maria aus Magdala, aus der sieben Dämonen ausgefahren waren, Johanna, die Frau des Chuzas, eines Beamten des Herodes, Susanna und viele andere. Sie alle unterstützten Jesus und die Jünger mit dem, was sie besaßen.

Anregungen zur Vertiefung:

Frauen schweigen nicht länger [19]

Vorbotinnen
Plötzlich fällt es mir
wie Schuppen von den Augen:

Frauen waren es,
die als erste die Osterbotschaft verkündeten –
die unglaubliche!

Frauen waren es,
die zu den Jüngern eilten,
die atemlos und verstört
die größte aller Nachrichten weitersagten:

Er lebt!

Stellt euch vor, die Frauen hätten
in den Kirchen Schweigen bewahrt!

Frauen erfahren den Auferstandenen als erste.
Frauen bekommen als erste den Auftrag zu verkündigen.
Auf diese Frauen hört man nicht.
Bald danach wird den Frauen der Mund verboten.
Gibt es das auch heute noch?

Welche Erfahrungen machen (wir) Frauen – in Beziehungen, in der Gesellschaft, in der Kirche?
Wo gibt es heute Frauen, die die Zeichen der Zeit wahrnehmen, die Probleme erkennen, Lösungsideen bringen und etwas dafür tun?
Werden sie gehört oder zum Schweigen gebracht?

Maria predigt den Jüngern …

… und schweigt auch nicht in der Gemeinde.

Wider die Lügen

Mit – für – gegen Paulus

Immer noch gilt Paulus als Paradebeispiel eines Frauenfeindes. Dafür werden Sätze angeführt wie z.B.:
»Wie es in allen Gemeinden der Heiligen üblich ist, sollen die Frauen in der Versammlung schweigen; es ist ihnen nicht gestattet zu reden. Sie sollen sich unterordnen, wie auch das Gesetz es fordert. Wenn sie etwas wissen wollen, dann sollen sie zu Hause ihre Männer fragen; denn es gehört sich nicht für eine Frau, vor der Gemeinde zu reden.« (1 Kor 14, 33b-35; nach heutigen Erkenntnissen ist dieser Vers höchst wahrscheinlich nicht von Paulus, sondern wurde erst später an dieser Stelle eingeschoben.) Solche Passagen werden Frauen nach wie vor an den Kopf geworfen. Doch die Polemik gegen Paulus trügt: Die Person des Paulus, die Gemeindesituation und ihre damaligen Probleme, die Echtheit der Briefe (als echt gelten: Römer, 1+2Korinther, Galater, Philipper, 1Thessaloniker, Philemon) und die heutige Übersetzung führen zu einem differenzierteren Bild: Wo z.B. »Brüder« übersetzt wird, steht im Griechischen »Geschwister/Brüder«. Während es bei Männern »Diakon« heißt, wird diesselbe kirchliche Funktion bei Frauen mit »Dienerin« übersetzt; ebensolche Verfälschungen finden sich bei »VorsteherIn« … Vieles muß also genauer gesehen werden.
Wie läßt sich das Neue, das Frauen und Männer mit Jesus erfahren haben, unter »normalen« Lebensumständen verwirklichen? Diese Frage bestimmt große Teile der Briefe des Paulus, richtige Briefe, in denen er auf Fragen seiner Gemeinden Antworten sucht. Besonders der erste Korintherbrief zeigt das Ringen des Paulus, Möglichkeiten für die Gemeinde aufzuzeigen. Diese Briefe stehen nicht unter dem Anspruch, mit »göttlicher« Autorität Antworten zu wissen, sondern stellen eigene Versuche dar, Lösungen für die anstehenden Probleme in der konkreten Situation zu finden (vgl. 1Kor 7,1.8.12.25 u.ö.).

1 Korinther 11, 2-16

2 Ich lobe euch, daß ihr in allem an mich denkt und an den Überlie-
ferungen festhaltet, wie ich sie euch übergeben habe. 3 Ihr sollt aber
wissen, daß Christus das Haupt des Mannes ist, der Mann das Haupt
der Frau und Gott das Haupt Christi. 4 Wenn ein Mann betet oder
prophetisch redet und dabei sein Haupt bedeckt hat, entehrt er sein
Haupt. 5 Eine Frau aber entehrt ihr Haupt, wenn sie betet oder
prophetisch redet und dabei ihr Haupt nicht verhüllt. Sie unterscheidet
sich dann in keiner Weise von einer Geschorenen. 6 Wenn eine Frau
kein Kopftuch trägt, soll sie sich doch gleich die Haare abschneiden
lassen. Ist es aber für eine Frau eine Schande, sich die Haare ab-
schneiden oder sich kahlscheren zu lassen, dann soll sie sich auch
verhüllen. 7 Der Mann darf sein Haupt nicht verhüllen, weil er Abbild
und Abglanz Gottes ist; die Frau aber ist Abglanz des Mannes. 8
Denn der Mann stammt nicht von der Frau, sondern die Frau vom
Mann. 9 Der Mann wurde auch nicht für die Frau geschaffen, sondern
die Frau für den Mann. 10 Deswegen soll die Frau mit Rücksicht auf
die Engel das Zeichen ihrer Vollmacht auf dem Kopf tragen. 11 Doch
im Herrn gibt es weder die Frau ohne den Mann noch den Mann ohne
die Frau. 12 Denn wie die Frau vom Mann stammt, so kommt der
Mann durch die Frau zur Welt; alles aber stammt von Gott.
13 Urteilt selber! Gehört es sich, daß eine Frau unverhüllt zu Gott
betet? 14 Lehrt euch nicht schon die Natur, daß es für den Mann eine
Schande, 15 für die Frau aber eine Ehre ist, lange Haare zu tragen?
Denn der Frau ist das Haar als Hülle gegeben. 16 Wenn aber einer
meint, er müsse darüber streiten: Wir und auch die Gemeinden Gottes
kennen einen solchen Brauch nicht.

Es scheint, daß Paulus noch keine Bedenken hatte, daß Frauen in der Gemeinde beten oder prophetisch reden (vgl. Vers 5). Er versucht, eine Regelung zu finden, die sich den damaligen Gewohnheiten soweit anpaßt, daß Anstößiges vermieden wird. Dies scheint Paulus gerade gegenüber der sehr lebendigen, begabten und gläubigen Gemeinde von Korinth schwergefallen zu sein: Verschiedenste Argumente bemüht er (in Vers 5-10), doch er weiß sehr genau, daß in Jesus diese Hierarchie von Männern und Frauen nicht mehr gilt: »Doch im Herrn

gibt es weder die Frau ohne den Mann noch den Mann ohne die Frau. Denn wie die Frau vom Mann stammt, so kommt der Mann durch die Frau zur Welt; alles aber stammt von Gott« (Vers 11f.). Da für Paulus klar ist, daß die Gemeinde der Ort sein soll, wo Menschen – bis heute – so leben und handeln wie Jesus, muß diese Gleichheit aller (selbstverständlich) in der christlichen Gemeinde erfahrbar sein. In einem erneuten Sammeln von Gründen will Paulus etwas betonen, wofür er als Christ keine Begründungen mehr hat; sein letzter Ausweg bleibt in Vers 16: »So etwas tut man bei uns nicht!«
So menschlich wird der große Theologe Paulus, wenn er sieht, wie das, was er im Glauben längst als richtig erkannt hat, in seinen Gemeinden auch wirklich gelebt wird: »Es gibt nicht mehr Juden und Griechen, nicht Sklaven und Freie, nicht Mann und Frau; denn ihr alle seid ›einer‹ in Christus Jesus« (Gal 3,28).

Erst im Laufe der nachpaulinischen Generationen kommt es zur Zurückdrängung des geschwisterlichen Umgangs und zur verstärkten patriarchalen Prägung des Gemeindelebens. Schritt für Schritt läßt sich nachlesen, wie sich die christlichen Gemeinden allmählich an die »üblichen« Verhaltensweisen anpaßten. So begann auch unter ChristInnen wieder anstelle der Praxis Jesu und der Freiheit der ChristInnen die Ordnung der Gesellschaft und der Politik zu herrschen. Dies belegen die sogenannten Haustafeln im Epheser-, Kolosser-, ersten Timotheus- und ersten Petrusbrief:

Epheser 5,21-33

Einer ordne sich dem anderen unter in der gemeinsamen Ehrfurcht vor Christus! Ihr Frauen, ordnet euch euren Männern unter wie dem Herrn (Christus); denn der Mann ist das Haupt der Frau, wie auch Christus das Haupt der Kirche ist; er hat sie gerettet, denn sie ist sein Leib. Wie aber die Kirche sich Christus unterordnet, sollen sich auch die Frauen in allem den Männern unterordnen. Ihr Männer, liebt eure

Frauen, wie Christus die Kirche geliebt und sich für sie hingegeben hat, um sie im Wasser und durch das Wort rein und heilig zu machen. So will er die Kirche herrlich vor sich erscheinen lassen, ohne Flecken, Falten oder andere Fehler; heilig soll sie sein und makellos. Darum sind die Männer verpflichtet, ihre Frauen so zu lieben wie ihren eigenen Leib. Wer seine Frau liebt, liebt sich selbst. Keiner hat je seinen eigenen Leib gehaßt, sondern er nährt und pflegt ihn, wie auch Christus die Kirche. Denn wir sind Glieder seines Leibes. Darum wird der Mann Vater und Mutter verlassen und sich an seine Frau binden, und die zwei werden ein Fleisch sein. Dies ist ein tiefes Geheimnis; ich beziehe es auf Christus und die Kirche. Was euch angeht, so liebe jeder von euch seine Frau wie sich selbst, die Frau aber ehre den Mann.

Zusammenfassend läßt sich über die Frauen in den Paulusbriefen folgendes sagen:
- Frauen hatten Leitungsfunktionen in den Gemeinden inne.
- Ihre Arbeitskraft bedeutete einen entscheidenden Beitrag für die Ausbreitung des Evangeliums.
- Paulus würdigt Frauen in dieser Arbeit als gleichrangig mit sich selbst.
- Er ordnet sich in Gemeinden, die von Frauen geleitet werden, diesen Frauen während seiner Aufenthalte auch unter.
- Für ihn gibt es noch keine geschlechtsspezifische Gemeindearbeit.

Nicht einzelnen inhaltlichen Aussagen kann unser Interesse gelten – zu viel hat sich in unserer Lebenswelt seit Paulus geändert –, sondern die Art, wie Paulus nach Antworten sucht: als Mensch mit einer Meinung im Dialog mit den Meinungen anderer ChristInnen und als einer, der wußte, daß Frau und Mann Bild Gottes sind, von Gott stammen und es vor Gott keine Unterschiede zwischen ihnen und keine Rangordnung gibt. Was vor Gott gilt und was Menschen mit Jesus erlebt haben, muß in den Gemeinden Christi erfahrbar sein – das ist für Paulus im Zentrum und dies versucht er zu leben. Die Liste seiner Mitarbeiterinnen, die er namentlich nennt, zeigt es:

Frauen in den urchristlichen Gemeinden:

- Damaris in Athen (Apg 17,34)
- Lydia, Purpurhändlerin und Mitarbeiterin der Gemeinde in Philippi (mit Hausgemeinde in ihrem Haus) (Apg 16,14-40)
- Maria, die Mutter Jesu (und Frauen) in der Gemeinde von Jerusalem (Apg 1,14)
- Maria, Mutter des Johannes Markus in Jerusalem (mit Hausgemeinde...) (Apg 12,12)
- Priscilla (= Priska), mit ihrem Mann Aquila, führende Mitarbeiterin der Gemeinden in Rom, Korinth, Ephesus (Apg 18,2.18.26; 1 Kor 16,19; Röm 16,3; 2 Thess 4,19)
- Tabitha (= Tabea), Jüngerin genannt, in Joppe/ Kleinasien (mit Hausgemeinde...) (Apg 9,36-43)
- die vier Töchter des Philippus, Prophetinnen in der Gemeinde von Cäsarea (Apg 21,9)

Frauen in den frühen Gemeinden – nach den Paulusbriefen:

- Apphia (= Aphia), Mitarbeiterin der Gemeinde in Kolossä (Phlm 2)
- Chloe, Mitarbeiterin in Korinth (1 Kor 1,11)
- Euodia, Mitarbeiterin in Philippi (Phil 4,2)
- Julia, Frau des Philologos, Rom (Röm 16,15)
- Junia, Apostel und Mitarbeiterin in Rom (Röm 16,7)
- Maria, Mitarbeiterin in Rom (Röm 16,6)
- die Mutter des Rufus, Rom (Röm 16,13)
- Persis, Mitarbeiterin in Rom (Röm 16,12); Sklavinnenname = die Perserin
- Phoebe, Diakon und Vorsteherin der Gemeinde in Kenchreä (Röm 16,1)
- Priska (= Priscilla), s.o. (1 Kor 16,19; Röm 16,3)
- die Schwester des Nereus, Mitarbeiterin in Rom (Röm 16,15)
- Evodia und Syntyche, Mitarbeiterinnen in Philippi (Phil 4,2)
- Tryphäna und Tryphosa, Mitarbeiterinnen in Rom (Röm 16,2)

Auch die Frauen in den *Briefen nach Paulus* seien genannt:

- Claudia, Mitarbeiterin einer Gemeinde in Kleinasien (2 Tim 4,21)
- Eunike, Mitarbeiterin in Lystra, Kleinasien (2 Tim 1,5)
- Nympha, Leiterin einer Hausgemeinde in Laodicäa (Kol 4,15)[20]

Vertiefungen und Aktualisierungen:

Und wie sieht es in Ihrer Gemeinde mit der Gleichheit von Frauen und Männern aus?
Besprechen Sie die Situation in Ihrer Gemeinde anhand der aufgelisteten Fakten aus den Paulus-Briefen und suchen Sie gemeinsam nach den Gründen für die Veränderung.

Ich habe den neuen Weg bis auf den Tod verfolgt, Apg 22,4
habe Männer und Frauen gefesselt
und die Gefängnisse eingeliefert

Das war dein Schuldbekenntnis
Paulus
du hast dazu gestanden
nachdem Gott dir Umkehr geschenkt hatte
Frauen und Männer
die dich zu fürchten gelehrt hatten
sind dir zu Schwestern und Brüdern geworden

Du hast nicht geahnt
Paulus
wie lange das noch dauern würde
mit der Wiederkunft dessen
den du den Herrn nennst — 1 Kor 14,34; nachpaulinischer Einschub in den Brieftext
und daß deine Briefe
noch fast zweitausend Jahre später
dazu herhalten müssen
den Frauen in den Gemeinden Schweigen
zu gebieten
unter Berufung auf dich
der die Junia Apostel und die Phöbe Diakon nennt! — Röm 16,1-7

Ob du wohl heute mit deinen Schwestern
die nicht mehr Evodia oder Syntyche heißen — Phil 4,2-3
sondern vielleicht Renate oder Franziska
den neuen Weg gemeinsam gehen würdest?
Ich könnte dir
ohne Vorbehalt über den Weg
trauen Paulus![21]

Schreiben Sie Paulus einen Brief, in dem Sie sich mit ihm auseinandersetzen:
Was denken Sie von Paulus? Was möchten Sie ihm sagen, vielleicht auch fragen?

Zu 1 Korinther 14,34-35 und 1 Timotheus 2,11-12[22]

Nein.
Wir schweigen nicht länger in den Versammlungen.
Nein.
Wir lassen uns nicht länger stillschweigend in
aller Unterordnung belehren.
Nein.
Wir verhüllen unser Haupt nicht länger.
Nein.
Wir sind nicht länger still!

Wir werfen den Schleier fort, der uns knebelte.
Wir schreien unsere Wut über Unterdrückung und Ausgrenzung heraus.
Wir zeigen unsere Begabungen und Fähigkeiten.
Wir sprechen aus, was uns wichtig ist, unsere Überzeugung, unsere Zweifel.
Wir klagen die männliche Selbstherrlichkeit laut an.
Wir drücken aus, was uns ausmacht, unsere Gefühle, unseren Körper, unseren Verstand.
Wir zerreißen den Mantel kirchlicher Bevormundung.

Zur Arbeit mit diesem Kapitel

Die Ganzheitlichkeit in der Bibelarbeit zeigt sich in der Methodenvielfalt: reden, singen, spielen, nachdenken, zeichnen... Alles hat seinen Platz, wenn es darum geht, die Erfahrungen der Menschen, die in den biblischen Texten erschließbar sind, für uns heute nachvollziehbar zu machen.
Viele Möglichkeiten bieten sich auch für Gruppen an, die nur über kürzere Zeit zusammenarbeiten: die kognitive Auseinandersetzung, das Kennenlernen der Texte und des Hintergrundes, das Umsetzen in heutige Sprache, in Musik und Bewegung sind wichtige Elemente.
Da bei Jugendlichen das Stichwort »Bibel« oftmals Gähnen und abwehrende Reaktionen auslöst, ist es nach unserer Erfahrung hilfreich, beim »Leben«, den Aktualisierungen und unseren gegenwärtigen Problemen zu beginnen, um vom Heute aus zurückzublicken auf die biblischen Erfahrungen.
Es ist sinnvoll, die Arbeit mit der Bibel in Liedern, Meditationen und Gebeten ausklingen zu lassen. Gesellschaftliche Aktualisierungen gehören in Verbindung mit einem spirituellen Austausch. Biblische Arbeiten können auch immer wieder als Predigtgrundlage in den Gottesdienst der Gemeinde und andere liturgische Feiern aufgenommen werden.

Manche der angesprochenen Themen (z.B. Konkurrenz unter Frauen) werden meist als heikel empfunden. Das Eingestehen und Erarbeiten der Rivalität unter Frauen benötigen ausreichend Zeit und freundschaftliche Atmosphäre.

Die Verwendung von Paulus-Zitaten löst bei vielen Frauen Ärger und Abwehr aus. Dies macht eine Aufarbeitung von Vorurteilen nötig, bevor detailliert die positiven Möglichkeiten für Frauen in der Urkirche aufgezeigt werden können. Die unterschiedlichen, öfters widersprüchlichen Aussagen sind im Blick auf ihren zeitgeschichtlichen und situationsbedingten Hintergrund zu erklären. In vorweggenommenen Streitgesprächen mit Gemeindemitgliedern, die eine andere Meinung über die Stellung der Frau in der Gemeinde vertreten, kann die wirkliche Auseinandersetzung z.B. mit dem Pfarrer oder Gemeinderat geübt werden. (Vgl. in diesem Zusammenhang auch das Kapitel »Apartheid am Altar – wie lange noch? Frauen in der Kirche«, S. 81ff.).

Die tiefgreifenden Themen (wie z.B. das Gekrümmtsein) können ganz unerwartete Reaktionen auslösen. Es ist unmöglich, den persönlichen Standort, die Verwundungen und Verkrümmungen der einzelnen Frauen in den Gruppen genau zu kennen, so daß mit sehr emotionalen Reaktionen gerechnet werden muß. Hier sollte zu Beginn der Übungen darauf hingewiesen werden, daß einzelne, denen das Thema zu nahe geht, bewußt die Augen öffnen und sich gedanklich ablenken sollen.

Identifikatorische Übungen erfordern einige Hinweise: Man kann sie nicht erzwingen. Nur wenn die Gruppe solche Übungen will, sind sie sinnvoll einzusetzen. Dabei muß genügend Zeit sowohl für die Einstimmung als auch für das Aufarbeiten und Ausklingen- Lassen mitbedacht werden.
Identifikationsübungen müssen immer wieder je nach Situation verändert und angepaßt werden: Das Beste ist, sich in der Vorbereitung die Situation und die Gruppe genau vorzustellen, um dann die Anleitung in Gedanken bereits genau auf die Gruppe abzustimmen. Man kann sich hineindenken und sich fragen: Wie möchte ich in der Situation angeleitet und gedanklich geführt werden?

Selbstverständlich können aus Erzählsträngen auch einzelne Szenen herausgegriffen werden, wobei der Zusammenhang dann erzählend eingebracht werden muß. Ebenso sind die Möglichkeiten der Aktualisierung variabel; meist genügen ein oder höchstens zwei Aspekte. Lieder, diverse Texte und Bilder sind auch als Einstieg oder als (meditativer) Abschluß gedacht. Falls möglich, können diese Texte und Bilder mit eigenen Meditationsgedanken der TeilnehmerInnen erweitert werden.

Für musikalisch Interessierte bleiben weitere zahlreiche Methoden: Erfinden und Dichten von Liedern – mit neuen oder bekannten Melodien, das Untermalen von Bibelstellen mit Instrumenten (vor allem Orff-Instrumenten) u.a. Besonders reizvoll ist die emotionale Ausdeutung: Für jede Situation werden Instrumente ausgewählt und Klänge erzeugt, die diesen Szenen emotional entsprechen. Dabei kann es sinnvoll sein, den Text zu kürzen und nur die allerwichtigsten Sätze in die musikalische Ausgestaltung hineinzusprechen: Die Stellen sollen längerfristig so ausgewählt werden, daß Positives *und* Schwieriges aufgenommen wird, daß Schuld *und* Stärke von Frauen sichtbar wird.

Es kostet viel Mühe und Anstrengung, den gewohnten Blickwinkel zu ändern und Bibelstellen mit neuen Augen zu lesen. Hier sind Behutsamkeit und Toleranz gegenüber Frauen und Männern – ob jung oder älter – angebracht, die für die Veränderung noch Zeit benötigen.

Bibel muß zusammen mit gesellschaftlichen Fragen behandelt werden. Zugleich zeigt sich in vielen Diskussionen, daß sich gesellschaftliche Bewertungen in der persönlichen Einschätzung wiederfinden. Ein Beispiel: Äußerungen wie »Der Mann bringt das Geld« u.ä. machen deutlich, daß die Veränderung der Bewertung geleisteter Arbeit von Männern und Frauen nicht leicht vor sich geht. Den Blick zu ändern verlangt Kraft, insofern z.B. Männer kaum Karriere machen können, wenn nicht Frauen Haushalt und Kindererziehung übernehmen. Die Frage: Was wären die Männer ohne (uns) Frauen? ist ein veränderter Blickwinkel, der explosiv sein kann!

7. Wut und Mut

Epilog

Rezepte[23]

1
Nicht abkochen lassen
kochen vor Wut
Nicht Mahlzeit sagen
sagen
mal ist es Zeit
den Hausherrn zu richten
nicht den Tisch

2
Nicht weggeputzt werden
Putz machen
nicht mehr putzig sein
aufräumen
mit dem Putzen

3
Nicht Mann nehme
ich nehme mir die
Freiheit

Wir nehmen uns die Freiheit
aufzubrechen
Frauen wahrzunehmen
bewußtzumachen
zu benennen
Frauen zu ermutigen zu streiten
sich zu wehren gegen Gewalt
gegen Ausbeutung
gegen Erniedrigung
gegen Mißachtung
gegen Ignoranz
aufzustehen
um sich und die Mitwelt zu verändern

Die Hoffnung hat zwei Kinder:
MUT und WUT.
Wut über Dinge wie sie sind, und Mut,
sie zu ändern.

Willy Spieler, Journalist

Quellenverzeichnis

TEXTE

Kapitel 1: Nicht länger ohne uns

1 Zit. nach: Frau sein in Österreich, hrsg. v. Karl-Renner-Institut im Auftrag des Bundesbildungsausschusses der SPÖ, Wien 1987, S. 5
2 Zit. nach: Kirche der Frauen? Reader zum Symposion der Kath.-Theologischen Fakultät der Universität Würzburg, zum Thema »Das Reden der totgeschwiegenen Frauen«, Würzburg 1986, S. 13
3 Aus: Barbara Friess, Sexismus in der Sprache. Ansatzpunkte für eine Veränderung im Unterricht, in: Betrifft Mädchen. Lesetexte ohne Rollenklischees für 10 - 14jährige, hrsg. v. M. Dutter-Jonas, Ilse Seifried. paperpress, Wien 1988, S. 111
4 Aus: Barbara Friess, Sexismus in der Sprache. Ansatzpunkte für eine Veränderung im Unterricht, in: Betrifft: Mädchen, a.a.O., S. 115
5 Aus: L.F. Pusch, Alle Menschen werden Schwestern. (c) Suhrkamp Verlag, Frankfurt am Main 1990, S. 77 f.
6 Aus: L.F. Pusch, Das Deutsche als Männersprache. es 1217. (c) Suhrkamp Verlag, Frankfurt am Main 1984, S. 162
7 Aus: Senta Trömel-Plötz, Frauensprache: Sprache der Veränderung. © Fischer Taschenbuch Verlag, Frankfurt am Main 1982, S. 134
8 Aus: Mädchen und Frauen, Position des BDKJ im Bistum Aachen. Beschluß der BDKJ-Diözesanversammlung im Juni 1988, S. 22
9 Elfriede Haslehner, in: Frauen. Österreichischer Kultur-Service, Wien 1988, S. 7
10 Vgl. Mädchen und Frauen, Position des BDKJ Aachen, a.a.O., S. 13
11 Aus: Werkmappe Mission 60/1986, S. 17
12 Elfriede Haslehner, in: Frauen, a.a.O., S. 1
13 Aus: Smoky. Magazin für Gruppenleiter, Nr. 56/Juni 1987, S. 4, hrsg. v. Jugendverbände der Gemeinschaften Christlichen Lebens (J-GCL), Augsburg
14 Arbeitsbogen aus: Hilde Schramm (Hg.), Frauensprache – Männersprache. Verlag Moritz Diesterweg, Frankfurt 1981. (c) Hilde Schramm
15 Aus: Mädchen und Frauen. Position des BDKJ im Bistum Aachen, a.a.O., S. 5
16 Silvia Plath, in: Frauen, a.a.O.
17 Aus: Mädchen und Frauen, Position des BDKJ im Bistum Aachen, a.a.O., S. 16
18 Aus: Mädchen und Frauen, Position des BDKJ im Bistum Aachen, a.a.O., S. 16
19 Aus: Jugendaktionsmappe 1990 Misereor/BDKJ »Gemeinsam Handeln.

Solidarisch in der Einen Welt«. Misereor Vertriebsgesellschaft mbH, Aachen 1990, S. 8

20 Aus: Regine Hofmann u.a., Alles kann mein Väterlein, kochen, waschen, stricken. Eine Unterrichtsidee für die Grundschule, in: ru 17/1987, S. 16 (Zeitschrift für die Praxis des Religionsunterrichts. Calwer Verlag, Stuttgart/Kösel-Verlag, München)

21 Zit. nach: Aletta Eßer, Beruf Hausfrau, in: Werkkreis Literatur der Arbeitswelt, Liebe Kollegin. Fischer Taschenbuch GmbH und Werkkreis Literatur der Arbeitswelt, Köln 1973, S. 26-28. © Werkkreis Literatur der Arbeitswelt, Frankfurt

22 Vgl. Sabine Zurmühl, Frauen. Neue didaktische Modelle, hrsg. v. Wolfgang Northemann und Hanns-Fred Rathenow. Colloquium Verlag, Berlin 1981, S. 34

23 Vgl. Voralberger Nachrichten v. 27.9.1990, Nr. 226, Markt IV, 3

24 Aus: Frauenleben heute. Psychologie-heute-Tachenbuch 533. Beltz Verlag, Weinheim 1990, S. 55

Kapitel 2: Schöne weite Welt

1 Aus: Werkmappe Mission 60/1986, nach: New Internationalist Drawings by Alan Hughes

2 Fundort für wiedergegebene Sprichwörter: Ekkehard Launer/Renate Wilke-Launer (Hg.), Zum Beispiel Frauenalltag. Lamuv Verlag, Bornheim 2. Aufl. 1988, S. 31

3 © Bettina Wegner

4 Aus: Entwicklungspolitisches Bildungszentrum der ÖED (Hg.), Weine nicht, aber schrei. Frauen in der dritten Welt, Wien 1987, S. 84

5 Aus: Bodo v. Borries/Annette Kuhn (Hg.), Frauen in der Geschichte, Band VIII: Zwischen Muttergottheit und Männlichkeitswahn. Frauengeschichtliche Unterrichtsmodelle für die Sekundarstufe I, Düsseldorf 1986, S. 214

6 Aus: Bodo v. Borries/Annette Kuhn (Hg.), Frauen in der Geschichte, Band VIII, a.a.O., S. 216

7 Zeichner: Alex Carvalho, Indien. Übersetzung u. Bearbeitung: Bischöfliches Hilfswerk Misereor e.V. (c) 1990 Misereor-Vertriebsgesellschaft mbH, Aachen

8 Aus: Werkmappe Mission 60/1986, S. 9

9 Aus: Misereor-Arbeitsheft »Sanfte Stärke – Frauen in Thailand«. Misereor-Vertriebsgesellschaft mbH, Aachen 1991, S. 48

10 Texte von S. 69 und 70 aus: Misereor-Arbeitsheft »Sanfte Stärke – Frauen in Thailand«, a.a.O., S. 46 f.

11 Zit. nach: Jugendaktionsmappe 1991 Misereor/BDKJ »Mädchen und Frauen in Thailand – Die Würde des Menschen ist unantastbar«. Misereor-Vertriebsgesellschaft mbH. Aachen 1991, S. 18

12 Aus: Misereor-Arbeitsheft »Sanfte Stärke – Frauen in Thailand«, a.a.O., S. 53
13 Aus: Misereor-Arbeitsheft »Sanfte Stärke – Frauen in Thailand«, a.a.O., S. 49
14 Aus: Jugandaktionsmappe 1991 Misereor/BDKJ »Mädchen und Frauen in Thailand – Die Würde des Menschen ist unantastbar«, a.a.O., S. 21

Kapitel 3: Apartheit am Altar – Wie lange noch?

1 Dagmar Bröker, in: Christel Voß-Goldstein (Hg.), Abel, wo ist deine Schwester. Frauenfragen. Frauengebete. Patmos Verlag, Düsseldorf 3. Aufl. 1991, S. 92
2 Maria Hauer, Gottes Töchter und seine mächtigen Söhne (SOG Edition, 4), Wien 1981, S. 3
3 Aus: Jugendaktionsmappe 1990 Misereor/BDKJ »Gemeinsam Handeln. Solidarisch in der Einen Welt, a.a.O., S. 4
4 Martina Neumeyer, in: Ulla Kamps-Blass/Eva Maria Ziebertz (Hg.), Wenn Frauen beten. Kösel-Verlag, München 1989, S. 63 f.
5 Bischof Franz Kamphaus, Frauen in der Kirche. Schwestern im Glauben, Limburg 1989, S. 69 f. (Auszug)
6 Clemens Hutter, in: Salzburger Nachrichten, 6.6.1990, S. 3
7 Christel Voß-Goldstein, in: Christel Voß-Goldstein (Hg.), Abel, wo ist deine Schwester, a.a.O., S. 54
8 Bischof Franz Kamphaus, Frauen in der Kirche, a.a.O., S. 102
9 Aus: Faltblatt »Frauen in der Kirche«, hrsg. v. Kath. Frauengemeinschaft Deutschlands/Kath. Frauenbewegung Österreichs/Kath. Frauenbewegung Bozen-Brixen/Kath. Frauen- und Müttergemeinschaften der Schweiz, Düsseldorf, Wien, Bozen, Schwarzenberg o.J.
10 Aus: Frau und Mutter 5/1984, S. 22-24. © Waltraud Wagner-König
11 Commission on Faith an Order, Bangalore/Indien 1978, zit. nach: Bischof Franz Kamphaus, Frauen in der Kirche, 1989, S. 104

Kapitel 4: Das Faß ist voll

1 Aus: Hans-Curt Flemming, annäherung. gedichte. Verlag Hans-Curt Flemming, Stuttgart 1980
2 Vgl. Christine Hojenski/Birgit Hübner/Reinhild Hundrup/Martina Meyer (Hg.), Meine Seele sieht das Land der Freiheit. Feministische Liturgien – Modelle für die Praxis, Münster 1990, S. 28-37
3 Ulla Kintrup-Limbrock, in: Ulla Kamps-Blass/Eva Maria Ziebertz (Hg.), Wenn Frauen beten, a.a.O., S. 26
4 Vgl. Hanna-Barbara Gerl, Die bekannte Unbekannte. Frauen-Bilder in der Kultur- und Geistesgeschichte, Mainz 2. Aufl. 1989, S. 148

5 Dagmar Bröker, in: Christel Voß-Goldstein (Hg.), Abel, wo ist deine Schwester, a.a.O., S. 72 f.

6 Aus: Lene Mayer-Skumanz, Jakob und Katharina. Geschichten zum Lesen, Spielen und Weiterdenken, Wien 5. Aufl. 1985, S. 13

7 Christel Voß-Goldstein, in: Hildegard Wegener/Hanne Kohler/Cordelia Kopsel, Frauen fordern eine gerechte Sprache, Gütersloh 1990, S. 25

8 Heidemarie Langer, in: Susanne Kahl/Heidemarie Langer/Herta Leistner/Elisabeth Moltmann-Wendel, Feministische Theologie – Praxis. Ein Werkstattbuch. Arbeitshilfen, Nr. 3/Mai 1981

9 Vgl. Bischof Franz Kamphaus, Mutter Kirche und ihre Töchter, 1989, S. 17

10 Aus: Evangelische Frauenarbeit in Deutschland (Hg.), Frauengerechte Sprache in Gottesdienst und Kirche, Frankfurt o.J., S. 10

11 Zit. nach: Christine Hojenski/Birgit Hübner, Reinhild Hundrup/Martina Meyer (Hg.), Meine Seele sieht das Land der Freiheit, a.a.O., S. 116

12 Aus: Wir sind keine Fremdlinge mehr. Frauen halten Gottesdienst. Ein Werkstattbuch. Herausgeber der deutschen Fassung: Evangelisches Missionswerk (EMW), Weltsgebetstag der Frauen, Deutsches Komitee, Hamburg, S. 54 f.

13 Rachel Wahlberg, in: Wir sind keine Fremdlinge mehr, a.a,O., S. 64 f.

14 Ann Heidkamp, in: Wir sind keine Fremdlinge mehr, a.a.O., S. 35

15 Aus: Liturgische Hilfen zur Misereor-Fastenaktion 1990 »Gemeinsam Handeln. Solidarisch in der Einen Welt«. Misereor-Vertriebsgesellschaft mbH, Aachen 1990, S. 11

16 Aus: Sybille Fritsch-Oppermann/Bärbel von Wartenberg-Potter, Die tägliche Erfindung der Zärtlichkeit (GTB Siebenstern 489). Gütersloher Verlagshaus Gerd Mohn, Gütersloh 3. Aufl. 1990. S. 49

17 Text aus Asien. Aus: Wir sind keine Fremdlinge mehr, a.a.O., S. 48

18 Aus: Wir sind keine Fremdlinge mehr, a.a.O., S. 68

19 Ulla Kamps-Blass, in: Ulla Kamps-Blass/Eva Maria Ziebertz (Hg.), Wenn Frauen beten, a.a.O., S. 34

20 Ute Knie, in: Evangelische Frauenarbeit in Deutschland (Hg.), Frauengerechte Sprache in Gottesdienst und Kirche, a.a.O., S. 10

21 Quelle unbekannt

Kapitel 5: Unsere Vorschwestern

1 Aus: Sybille Fritsch-Oppermann/Bärbel von Wartenberg-Potter, Die tägliche Erfindung der Zärtlichkeit, a.a.O., S. 45 f.

2 Claudia Honegger, Hexen, in: Anneliese Lissner/Rita Süssmuth/Karin Walter (Hg.),. Frauenlexikon. Traditionen, Fakten, Personen, Freiburg-Basel-Wien 1988, S. 491-500, 497

3 Vgl. Bodo v. Borries/Annette Kuhn (Hg.), Frauen in der Geschichte, Band VIII: Zwischen Muttergottheit und Männlichkeitswahn. Frauen-

geschichtliche Unterrichtsmodelle für die Sekundarstufe I, Düsseldorf 1986, S. 138

4 Vgl. Bodo v. Borries/Annette Kuhn (Hg.), Frauen in der Geschichte, Band II, a.a.O., S. 108

5 Vgl. Bodo v. Bories/Annette Kuhn (Hg.), Frauen in der Geschichte, Band VIII, a.a.O., S. 139 f.

6 Skizze S. 131 und Text S. 132 aus: Bodo v. Borries/Annette Kuhn (Hg.), Frauen in der Geschichte, Band VIII, a.a.O., S. 136 u. 137

7 Aus: Smoky, Nr. 56/Juni 1987, a.a.O.

8 Monika Endres-Dechant, in: Smoky, Nr. 56/Juni 1987, a.a.O.

9 Vgl. Johannes Thiele (Hg.), Mein Herz schmilzt wie Eis am Feuer. Die religiöse Frauenbewegung des Mittelalters in Portraits, Stuttgart 1988, S. 54

10 Hildegard von Bingen, zit. nach: Helga Bohnet, Hildegard von Bingen, in: Schlangenbrut 9/1991, Nr. 32, 21-24, 22

11 Hildegard von Bingen, zit. nach: Luise Schottroff/Johannes Thiele (Hg.), Gotteslehrerinnen, Stuttgart 1989, S. 62

12 Hildegard von Bingen, zit. nach: Johannes Thiele (Hg.), Mein Herz schmilzt wie Eis am Feuer, a.a.O., S. 55

13 Zu Hildegard von Bingen vgl. neuestens: Ingeborg Ulrich, Hildegard von Bingen. Mystikerin, Heilerin, Gefährtin der Engel. Kösel-Verlag, München 1990

14 Jörg Jungmayr, Katharina von Siena, in: Johannes Thiele (Hg.), Mein Herz schmilzt wie Eis am Feuer, a.a.O., S. 256

15 Katharina von Siena, in: Ferdinand Strobel (Hg.), Katharina von Siena. Engagiert aus Glaube. Briefe (Klassiker der Meditation), Zürich 2. Aufl. 1990, S. 66

15 a Katharina von Siena, in: Ferdinand Strobel (Hg.), Katharina von Siena, a.a.O., S. 124

16 Zit. nach: Katholische Frauenbewegung Wien-Stadt, Ausstellung »Wege der Frauen«, 1989, S. 26

17 Zit. nach: Katholische Frauenbewegung Wien-Stadt, a.a.O., S. 17

18 Teresa von Avila, zit. nach: Erika Lorenz (Hg.), Teresa von Avila. »Ich bin ein Weib und obendrein kein gutes«. Ein Portrait der Heiligen in ihren Texten, Freiburg 3. Aufl. 1984, S. 34

19 Waltraud Herbstrith, Teresa von Avila, in: Johannes Thiele (Hg.), Mein Herz schmilzt wie Eis am Feuer, a.a.O., S. 287

Kapitel 6: Was wäre Mose ohne Frauen

1 Vgl. Thomas Lardon/Michael Musal, Denn sie wissen nicht, wo es steht… Ein kurioser Streifzug durch die Bibel, München 1989, S. 33 bzw. 55

2 Christel Voß-Goldstein, in: Christel Voß-Goldstein (Hg.), Abel, wo ist deine Schwester, a.a.O., S. 97 f.

3 Aus: Annette Rembold, Frauen im Alten Testament. Materialien für den RU ab Klasse 9, in: Materialbrief ru 2/1989, S. 7 (Beilage zu den Katechetischen Blättern)

4 Das ewige Klischee, aus: Führungsblatt der Katholischen Frauenbewegung Österreichs (KFB) 4/1986, S. 8 (leicht geändert), hrsg. v. Katholischen Frauenwerk in Österreich, Wien

5 Aus: Luise Schottroff/Dorothee Sölle, Hannas Aufbruch (GTB Siebenstern 498). Gütersloher Verlagshaus Gerd Mohn, Gütersloh 1. Aufl. 1990, S. 103

6 Aus: Moema Viezzer, Barios de Chungara, Domitila, Wenn man mir erlaubt zu sprechen… Zeugnis der Domitila, einer Frau aus den Minen Boliviens. Lamuv Verlag, Bornheim 1983, S. 241

7 Aus: Wolfgang Dietrich, Und Mirjam nahm die Pauke in die Hand. Impulse aus dem Auszug aus Ägypten. Verlag am Eschbach, Eschbach 1985, S. 16

8 Aus: Wolfgang Dietrich, Und Mirjam nahm die Pauke in die Hand, a.a.O., S. 17

9 Aus: Meditationen zum Misereor-Hungertuch »Biblische Frauengestalten – Wegweiser zum Reich Gottes«. © 1990, Misereor-Vertriebsgesellschaft mbH, Aachen

10 Aus: Meditationen zum Misereor-Hungertuch »Biblische Frauengestalten – Wegweiser zum Reich Gottes« von Silja Walter (Sr. M. Hedwig OSB), Kloster Fahr. © Misereor-Vertriebsgesellsschaft mbH, Aachen

11 Aus: ai-informationen, Wien 11/1990, S. 20 f.

12 Text (anonym), in: World Council of Churches (Eds.), Ecumenical Decade 1988-1998: Churches in Solidarity with Women. Prayers and Poems, Songs and Stories, Genf 1988, S. 22

13 Aus: Männerarbeit '89. Hintergründe, Ziele, Methoden, Starthilfe. Werkheft der J-GCL, Augsburg, S. 27 f.

14 Aus: Luise Schottroff/Dorothee Sölle, Hannas Aufbruch (GTB Siebenstern 498), a.a.O., S. 83

15 Rose-Maria Tönnishoff, in: Christel Voß-Goldstein (Hg.), Abel, wo ist deine Schwester, a.a.O., S. 126 f,

16 Vgl. Hannelore Morgenroth, Den Brunnen aufschließen. Selbstentdeckungen mit biblischen Geschichten. Kösel-Verlag, München 1989, S. 78 f.

17 Das ewige Klischee, aus: Führungsblatt der Katholischen Frauenbewegung Österreichs (KFB) 3/1989, S. 20 ff.

18 Aus: Sybille Fritsch-Oppermann/Bärbel von Wartenberg-Potter, Die tägliche Erfindung der Zärtlichkeit, a.a.O., S. 57 ff.

19 Aus: Wir sind keine Fremdlinge mehr, a.a.O., 74

20 Die Listen auf der Seite 205 gehen zurück auf eine unveröffentlichte Zusammenstellung von Michael Raske (2.9.1985)

21 Christel Voß-Goldstein, in: Christel Voß-Goldstein (Hg.), Abel, wo ist deine Schwester, a.a.O., S. 147

22 Ulla Kamps-Blass, in: Ulla Kamps-Blass/Eva Maria Ziebertz (Hg.), Wenn Frauen beten, a.a.O., S. 85
23 Margot Schroeder, in: Frauenkontestation 1988, S. 41
24 Aus: Frieden wollen alle... Aktion 1991, hrsg. von Fastenopfer und Brot für alle, Luzern/Basel 1991

BILDER

S. 16 © Fred Marcus – **S. 18** Zeichner: unbekannt – **S. 21, 22, 23** Fundorte unbekannt – **S. 26** Fundort: Annette-Luise Mayer-Gebhardt u.a. (Hg.), Kirche der Frauen? Reader zum Symposion der Kath.-Theol. Fakultät der Universität Würzburg, zum Thema: »Das Reden der totgeschwiegenen Frauen«, Würzburg 1986, S. 23 – **S. 28** Aus: Ingrid Bachér, Das war doch immer so. Beltz Verlag, Weinheim und Basel 1976. Programm Beltz & Gelberg, Weinheim. Fotos: (c) Tai M. Lüdicke Heidelberg – **S. 30** Grafik, aus: Mädchen und Frauen. Position des BDJK im Bistum Aachen. Beschluß der BDKJ-Diözesenversammlung im Juni 1988, S. 3 – **S. 39** Kartendienst Globus, Hamburg – **S. 47** © Jules Stauber – **S. 48** Globus Kartendienst, Hamburg – **S. 49** Aus: Broschüre »Frauen in Österreich 1975-85«, hrsg. v. Staatssekretariat für allgemeine Frauenfragen im Bundeskanzleramt, Wien – **S. 52** Fundort der Karikaturen: Frau sein in Österreich, hrsg. v. Karl-Renner-Institut, Wien 1987, S. 11 und 13 – **S. 53** © Marie Marcks; © Jupp Wolter – **S. 57** Karikatur aus: Developement, Seeds of Change 1984, S. 4 – **S. 58** Fotos: KNA, Frankfurt (7 x) – dpa, Frankfurt (1 x). Fundort: Liturgische Hilfen zur Misereor-Fastenaktion 1990 »Gemeinsam Handeln. Solidarisch in der Einen Welt«, Misereor-Vertriebsgesellschaft mbH, Aachen 1990 – S. **61** Aus: UNICEF-Nachrichten, Nr. 104/1980 – **S. 62** Aus: J. Saeger/A. Olson, Frauenatlas. Daten, Fakten und Information zur Lage der Frauen auf unserer Erde. S. Fischer Verlag, Frankfurt am Main 1986. © Agentur Paul & Peter Fritz AG/Schweiz – **S. 63** Zeitkuchen, aus: Werkmappe Mission Nr. 60/1986, S. 19 – **S. 75** 3 Plakate, aus: Jugendaktionsmappe 1991 Misereor/BDKJ »Mädchen und Frauen in Thailand – Die Würde des Menschen ist unantastbar«. Misereor-Vertriebsgesellschaft mbH, Aachen 1991, S. 27 – **S. 83** Maria Magdalena ernennt Lazarus zum Bischof von Marseille. Wandelaltar, Lübeck 1519. Fundort: Elisabeth Moltmann-Wendel, Das Land wo Milch und Honig fließt. Perspektiven einer feministischen Theologie (GTB Siebenstern 486). Gütersloher Verlagshaus Gerd Mohn, Gütersloh 1985, S. 22. Foto: Archiv – **S. 84** Fundort: Kirche der Frauen? Reader zum Symposion der Kath.-Theologischen Fakultät der Universität Würzburg, zum Thema »Das Reden der totgeschwiegenen Frauen«, Würzburg 1986 – **S. 85** © Walter Hanel – **S. 86** Fundort: Frau sein in Österreich, a.a.O. – **S. 88** © Jules Stauber – **S. 91** © Fred Marcus – **S. 92** Fundort: Lila Blätter Nr. 3/Jan. 1991, S. 11 (Rundbrief des Frauenreferats der Evangelischen Kirche von Westfalen) – **S. 111** Zu Text und Zeichnung (Dorothea Layer-Stahl): vgl. Evangelische Frauenarbeit in Deutschland (Hg.), Frauengerechte Sprache in Gottesdienst und Kirche, Frankfurt o.J., S. 4 f. – **S. 141** Bild nach einer Vision der Hildegard von Bingen. Auch in: Wisse die Wege, Salzburg 1981, S. 156. Foto: Kösel-Archiv – **S. 167** Schifra und Pua, Motiv 3 aus dem Misereor-Hungertuch »Biblische Frauengestalten – Wegweiser zum Reich Gottes« von Lucy D'Souza. © 1990, Misereor-Vertriebsgesellschaft mbH, Aachen – **S. 169** © amnesty international, Wien – **S. 191** Sigmunda May, Die gekrümmte Frau. Holzschnitt – **S. 202** Maria Magdalena predigt in Aix. Schweizer Schule, Anfang 16. Jh. Fundort: Elisabeth Moltmann-Wendel, Ein eigener Mensch werden. Frauen um Jesus (GTB Siebenstern 1006). Gütersloher Verlagshaus Gerd Mohn, Gütersloh 6. Aufl. 1987, S. 80. Fürstlich- Fürstenbergische Sammlungen, Donaueschingen. Kat. Nr, 18. Foto: Georg Goerlipp, Donaueschingen – **S. 203** Maria Magdalena verkündet den Jüngern die Auferstehung. Albanipsalter, 12. Jh., Hildesheim. Fundort: Elisabeth Moltmann-Wendel, Ein eigener Mensch werden, a.a.O., S. 79. Foto: Archiv

LIEDER

S. 36 Mädchen, laßt euch nichts erzählen! Fundort: Betrifft: Mädchen. Lesetexte ohne Rollenklischees für 10 - 14jährige, hrsg. von M. Dutter-Jonas/Ilse M. Seifried. paperpress, Wien 1988, S. 90 – **S. 41** Wer sagt, daß Mädchen dümmer sind. Fundort: Betrifft: Mädchen, a.a.O., S. 109 – **S. 74** Herr, erbarme dich unserer Zeit. Text und Musik: Peter Janssens. Aus: Entfesselt das Wort, 1968. Alle Rechte im Peter Janssens Musik Verlag, Telgte-Westfalen – **S. 121** Mutter Geist. Text: Sybille Fritsch, Musik: Peter Janssens. Aus: Und der Brunnen ist tief, 1987. Alle Rechte im Peter Janssens Musik-Verlag, Telgte-Westfalen – **S. 122** Komm, Mutter Geist. Text: Sybille Fritsch, Musik: Peter Janssens. Aus: Und der Brunnen ist tief, 1987. Alle Rechte im Peter Janssens-Musik Verlag, Telgte-Westfalen – **S. 123** Wenn einer allein träumt/Jes 66,13 So spricht Gott zu uns (Kanon von Christa Kirschbaum). Fundort: Frauenlieder, am Brunnen zu singen, hrsg. von Ursula Jung – **S. 150** Will mich fest mit euch verketten. Fundort: Frauenlieder, am Brunnen zu singen, hrsg. von Ursula Jung – **S. 170** Mirjam-Lied. Text und Melodie: Claudia Mitscha-Märheim. Fundort: Führungsblatt der Katholischen Frauenbewegung Österreichs, Heft 2/1985, S. 19 – **S. 182** Auf, singt das Lied. Quelle unbekannt – **S. 183** Brot und Rosen. Fundort: Arbeiter/innen-Lieder-Buch der Erzdiözese Salzburg, S. 43